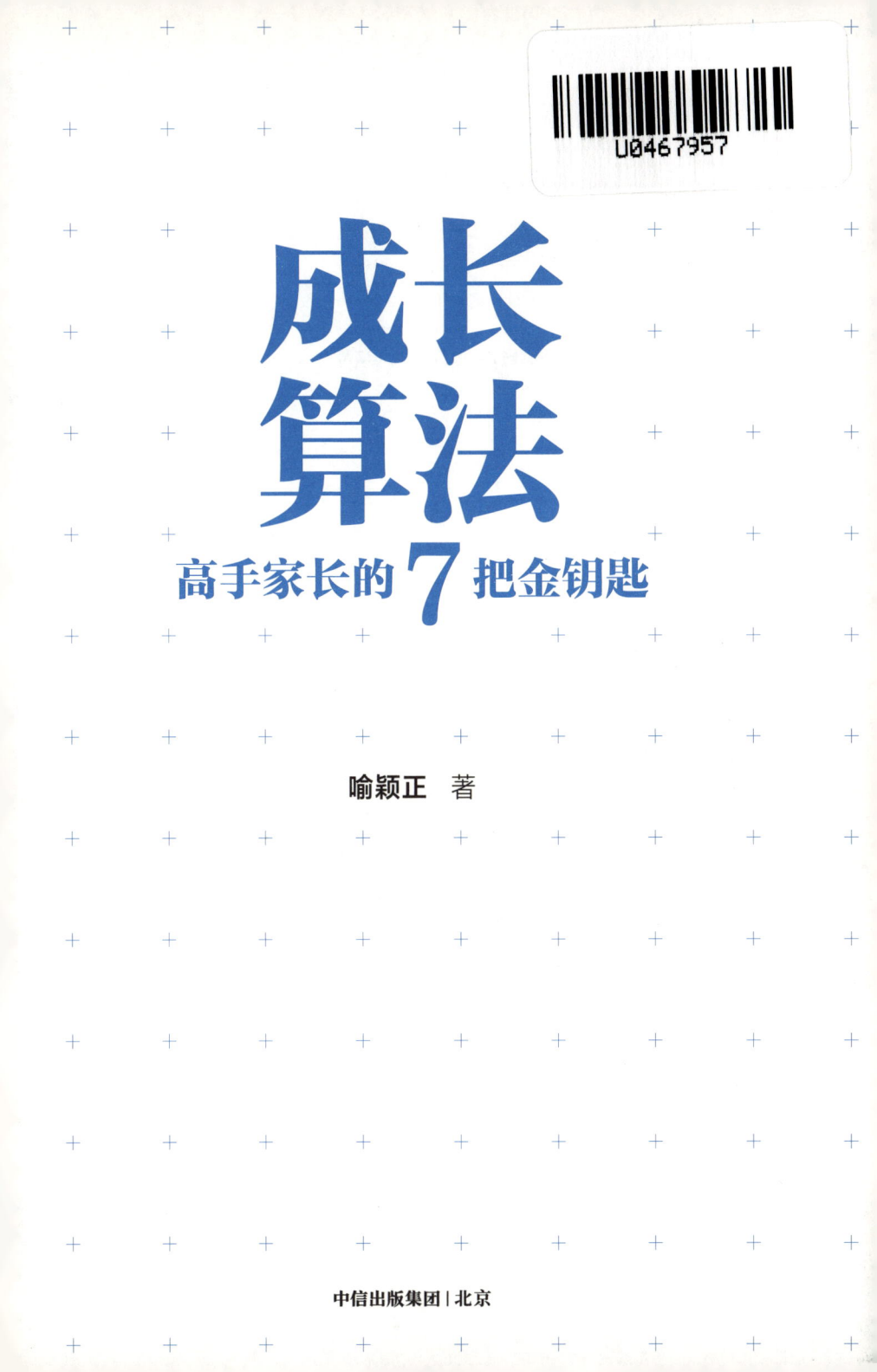

成长算法

高手家长的7把金钥匙

喻颖正 著

中信出版集团 | 北京

图书在版编目（CIP）数据

成长算法 / 喻颖正著. -- 北京：中信出版社，2022.6
ISBN 978-7-5217-4320-3

Ⅰ.①成… Ⅱ.①喻… Ⅲ.①家庭教育 Ⅳ.① G76

中国版本图书馆 CIP 数据核字 (2022) 第 068012 号

成长算法
著者：　　喻颖正
出版发行：中信出版集团股份有限公司
　　　　　（北京市朝阳区惠新东街甲 4 号富盛大厦 2 座　邮编　100029）
承印者：　宝蕾元仁浩（天津）印刷有限公司

开本：880mm×1230mm 1/32　　印张：11.25　　字数：200 千字
版次：2022 年 6 月第 1 版　　　　印次：2022 年 6 月第 1 次印刷
书号：ISBN 978–7–5217–4320–3
定价：69.00 元

版权所有·侵权必究
如有印刷、装订问题，本公司负责调换。
服务热线：400–600–8099
投稿邮箱：author@citicpub.com

目录

自　　序 ｜ 解锁孩子的成长密码　　　　　　　　v

使用指南 ｜ 成为完美父母之前，
　　　　　　是成为更好的自己　　　　　　　　xv

序章 ｜ 重新出发
一份重启孩子未来教育的系统方案

社会变化加剧，重新寻找教育的出路　　　　　　004
构建系统思维，激活孩子的成长系统　　　　　　010
7把"金钥匙"，开启孩子自主成长之路　　　　　014

金钥匙 1 ｜兴趣
激发孩子主动学习的内驱力

好奇驱动：好奇心是孩子产生兴趣与优势的内核　　　　032
聚焦思维：专注当下，看向远方，让孩子走得更远　　　042
自主选择：自主性和掌控感，让孩子飞得更高　　　　　047

金钥匙 2 ｜行动
学会在试错中有效成长

大胆试错：让孩子在安全的童年，模拟真实的人生　　　065
成长思维：帮孩子养成成长型思维，让孩子受益终生　　078
持续行动：进入"行动飞轮"，带来有效成长　　　　　 090

金钥匙 3 ｜博学
20 年后成为厉害的人

跨界认知：迁移知识的能力，决定了孩子"聪明"的程度　110
科学思维：在"为什么"的背后诞生创造力　　　　　　 119
快速学习：最需要学习的，是学习的习惯　　　　　　　128

金钥匙 4 ｜成就
从学业成绩到人生成果

解决问题：拥有解决问题的能力，成为被社会需要的人　147
复利思维：学会提前播种未来人生果实　　　　　　　　159
适应环境：适应和拥抱变化，在逆境中强健生长　　　　166

金钥匙 5 ｜幸福
爱是孩子最强大的生命力

幸福关系：给孩子安全感和爱，就是给了孩子幸福人生的基石　　185
资源思维：养育一个孩子需要"全村人"的努力　　196
学会偷师：找到导师，成长的路上不迷路　　201

金钥匙 6 ｜希望
成为能"预见未来"的长期主义者

长期主义：坚守初心，永远去做最重要的事　　224
愿景思维：看到未来，方法就会随之而来　　236
掌控时间：面向未来，把握好当下的那些关键时刻　　242

金钥匙 7 ｜共赢
实现聪明、富有、幸福的人生

同理沟通：拥有同理心，是孩子形成高情商领导力的内核　　259
共赢思维：当孩子有益于他人时，才能变得真正富有　　267
自我领导：孩子能管好自己，才能更好地引领他人　　273

番外篇 ｜微行动工具箱　　289

后　记 ｜一起出发，成为最好的父母　　333

致　谢　　335

自序
解锁孩子的成长密码

假如你打算给自己买一本"如何做父母"的书，你手中的这本《成长算法》，将为你揭秘0~18岁孩子的成长密码。

你会不会觉得，孩子要学的东西实在太多了？身为家长，你是不是也经常为海量的育儿信息感到焦虑？

国际21世纪教育委员会认为：教育仅从数量上去满足那种无止境的"知识和技能"需求，既不可能也不合适。所以，应围绕几种关键的"基本学习"加以安排，它将成为每个人一生中的"知识支柱"。

《成长算法》研究了当今最为精华的教育理念和方法，为你打造了7把"金钥匙"，以开启孩子受益终生的7种关键能力，从而帮助家长培养出真正优秀的、幸福的孩子。

作为父母你听了太多道理，各种方法技巧让人应接不暇，过于碎片化的信息令家长犹如盲人摸象。其实你最需要的，是一个宏观的成长路线图，一个智能的教育导航系统，从而实现"小事面前不慌张，大事面前不糊涂，关键时刻推一把"。

《成长算法》提供了一套完整的体系，帮助父母在孩子的关键阶段做出聪明的选择，让你成为高手家长，和孩子一起共度最美好的成长岁月。

本书相信：每个孩子都是一个宝藏，父母给孩子最好的礼物，是打开宝藏的钥匙。

人生的"梯子"

每位父母总会给孩子最好的东西，这是一条举世公认的"真理"。

我从未谋面的爷爷，给了我父亲一架"梯子"。

20世纪60年代，靠卖掉家里最值钱的东西，父亲带着27块钱，离开故乡，去北京读了自己的大学。

和那时乡村的大多数女孩一样，我妈妈上完小学就没再读书。我们聊天时经常会设想，假如她有机会读书会怎样？妈妈有着惊人的记忆力，她能分厘不差地记起40年前某时某地买的某个布匹的花色、尺寸和单价。

当我在武汉的某郊县出生时,父亲正在江西的山沟里为火箭制造燃料。3岁时我们举家迁往襄阳,在改革开放那年入读小学。童年快乐而无聊,没有课外班,也没有少年宫,漫长的假期里小伙伴们在厂房和田野间,无目的而危险地玩耍。

上了当地最好的中学后,因为住校,我的"稀里糊涂"更加泛滥。不听课,抄作业,毫无自制力。我对教育的"叛逆"沉默而彻底,哪怕是在高三"认真"了一学期而拿到班级第一,成为老师心中"清北"的候选者。高考前,青春期的我再次陷入了某种自毁式的漫游,并因此受到严厉的分数惩罚。

高考分数出来后,我的分数勉强过线,为了让我上一所理想的大学,父亲为我殚精竭虑,四处奔走,帮我筛选了一所适合我的学校。

那一年的夏天,我的父亲也给了我一架人生的"梯子",用他瘦小的肩膀。

养育孩子就像种树

每位父母给孩子的"最好的东西",经常是不一样的。

爱因斯坦说过，每个人都身怀天赋，但如果鱼用会不会爬树来评判自己，它会终生以为自己愚蠢。

也许你的孩子很调皮，就像顽皮却神通广大的孙悟空，等待一个好师傅来唤醒他；也许你的孩子很安静，心底却有一座火山，就像貌似书生却能带兵打仗的曾国藩。

难题是：每个孩子的宝藏是不一样的，你需要和孩子一起亲自动手来打开。

《成长算法》这本书给你的，是高手家长必备的7把"金钥匙"：

- ☆ 第一把金钥匙　兴趣——激发孩子主动学习的内驱力；
- ☆ 第二把金钥匙　行动——学会在试错中有效成长；
- ☆ 第三把金钥匙　博学——20年后成为厉害的人；
- ☆ 第四把金钥匙　成就——从学业成绩到人生成果；
- ☆ 第五把金钥匙　幸福——爱是孩子最强大的生命力；
- ☆ 第六把金钥匙　希望——成为能"预见未来"的长期主义者；
- ☆ 第七把金钥匙　共赢——实现聪明、富有、幸福的人生。

这7把金钥匙，将为你提供一个模块化、可视化、可操作的完整体系。

大多数教育，都是工业化时代的生产线拼装，似乎孩子的学习，就是做一只板凳，先做第一个板凳腿，然后第二个……孩子毕业时再上好油漆，然后推上社会。

这样的教育，孩子学起来辛苦，适应力差，走入社会后也更脆弱。

《成长算法》认为，父母养育孩子不是"雕木"，而是"种树"。

长久以来，大多数与教育有关的图书，都忽略了一个重要事实：孩子就像一棵树，需要阳光雨露、空气水分、森林环境所构成的整体生态体系。

本书将帮助你为孩子构建动态化的成长系统，设计基于规划思维的成长路线，以应对外界的种种不确定性。我把这套系统称为"成长算法"。

每个有孩子的家庭，都会有自己的烦恼。但总结下来，最关键的难题，总共不过十多种。我们曾经面向数十万家长做过一次调查，发现大家最操心孩子的三个问题是：不爱学，不会学，不开心。

假如你能够读懂孩子，用 7 把金钥匙解锁孩子的成长密码，从根上解决关键问题，那些表面上的烦恼就会迎刃而解。

我和你一样，是"不完美"父母

凭什么由我来写这本书？我必须承认自己是个和你一样的普通人，没什么了不起的成就，也不是名牌大学毕业。我读书时不够认真，曾经跑去承包电影院，毕业后去广州谋生创业，趁着时代的机遇有所发展，和犹太人合资开发房地产项目。

35 岁时我退休了。那年发生了很多事，关键时刻总能递上"梯子"的父亲离世，我卖了创业十年的公司，移居海外。在大学里，我为家人盖了栋房子，院子里种满了果树：樱桃，苹果，梨，李子，杏子，蓝莓，还有中国的山楂，核桃，石榴，枣。

从那时起，我开始投身"父亲"的角色，看两个孩子慢慢长大，享受一家人相处的快乐，也体验了为人父母的焦虑和烦恼。

种树育娃的闲暇，我写了一个名为"孤独大脑"的公众号，几年后意外地"火"了起来，订阅数近百万。随后，《人生算法》一门课在得到 App 销售额超过千万，我在中信出版集团出的同名新书也上了年度畅销榜。

这仿佛中了大奖。面对随之而来的影响力和流量，我希望能做一件有价值有意义的事情，于是和朋友们创立了一家名为"未来春藤"的教育科技公司，愿景是"让每个中国孩子都能共享优质的教育资源"。

没错，我从来不是一个好学生，不是一个乖孩子，专注力不够，意志不坚强，也缺乏理想。成年后我也是跌跌撞撞，从一个城市"流浪"到另一个城市，体验了各种各样的不容易。

可这也许正是我能写这本书的理由。哈维尔说过："病人比健康人更懂得什么是健康，承认人生有许多虚假意义的人，更能寻找人生的信念。"

是的，有太多完美而优秀的人来讲教育，何妨听听一个"叛逆者"怎么讲？没准儿他更懂你和你的孩子，更懂那些看似无忧无虑的孩子的脆弱和无助；作为"不完美"的作者，他也许更能懂得"不完美的家长"心底的痛处，和对孩子的柔软期待。

更何况，有一个强大的专业团队和我一起来实现这个使命。多位教育专家和博士进行了大量的专题研发，确保了"成长算法"的专业性和教育实效。

"早知道就好了"的底层算法

电影《教父》里有一句话：伟大的人不是生来就伟大，而是在成长过程中显示其伟大的。

在创业和投资的生涯中，我始终在思考，到底是什么决定了一个人的命运？成功的底层逻辑是什么？我们如何在不确定的世界里获得财富和幸福？

我从小亲身体验了中国的传统教育，也近距离观察对比了自己的孩子所经历的不一样的教育；

我在和犹太人近20年的商业合作中，一直在学习他们的长处，思考中华民族在教育上的传统与机遇；

我在"孤独大脑"探寻认知的本质，发现源头指向孩子的教育。

《成长算法》所写的，是我发自内心希望"早知道就好了"的智慧，是我渴望自己的孩子能够拥有的底层算法。

智者说：教育就是一个人把在学校所学全部忘光之后剩下的东西。

想想看，我们读书的时候花了那么多工夫拼命学的东西，现在还能记得多少？

可是，如果学习不好，上不了好学校，机会就比别人少很多，这样的话空谈未来又有何用？

这就是大多数家长心底最大的矛盾：应试教育和素质教育的两难，寒窗苦读和快乐成长的两难。

经过长期观察和大量研究，我们发现了一个秘密：学习好的孩子，素质教育往往不会差；真正会玩儿的学生，成绩反而更突出。

既然如此，我们为什么不能跳出表面矛盾，去探寻底层相通的那部分呢？

《成长算法》的核心内容，是孩子成长的三个关键系统，即：底层能力、思维方式和行为模式。拥有了这三个系统，你就有机会帮助孩子实现"当下学得好"和"未来很厉害"二者兼得。

我相信绝大多数父母和我一样，不是虎爸虎妈。我们愿意给孩子最好的东西，但不愿意因此而过度焦虑，甚至牺牲了个人的幸福。

孩子是上天赐予我们的礼物，他们不仅给父母带来快乐，还能"逼迫"我们让自己变得更好。

《成长算法》里有鲜活的人生智慧，让每位父母不再有"早知道就好了"的遗憾，提早掌握一整套孩子成长的生态体系；

《成长算法》里有前沿的教育理念，让孩子能够发展核心素养，掌握"认知、自我、人际"三大领域的能力，学会深度学习；

《成长算法》里有丰富的行动指南，帮助每个家庭从微小的行动入手，带来真正的改变，令好的教育自动发生。

教育不仅是为美好生活做准备，教育本身就是美好生活。

当你收下这本《成长算法》，并将 7 把金钥匙交到自己孩子手中，一切才刚刚开始。我们会伴随着你和孩子，共同设计属于孩子自己的"成长算法"，让他 / 她健康快乐地长大，用金钥匙打开人生的宝箱。

使用指南
成为完美父母之前,是成为更好的自己

未来春藤总经理 安宁

对许许多多的中国家长而言,养育孩子就像一个升级打怪的冒险旅程,一路惊吓,也一路惊喜,万万没想到,孩子这个一出生便开始不断制造"麻烦"的新产品,操作起来的复杂程度完全超出了我们的想象,而且出厂时还没附带任何"使用说明书"。

孩子就像一个盲盒,家庭教育就像一场盲战,把还没做好准备的父母推上了一场没带地图和导航的旅程,步步惊心,前路迷茫。

我将带给自己的孩子怎样的未来?我的孩子可以拥有怎样的一生?我的人生还有哪些可能,我能否成为孩子的榜样?

在成为家长之后,我一直都在问自己这个问题。我们希望能带给孩子最好的东西。

在做妈妈的时间里，我有很长一段时间没能陪伴在女儿身边。于是我有机会常常问自己，假如人生的空间被无限压缩，我只能送给孩子一件礼物，我要送给她什么？假如人生的时间被无限压缩，我只能有一天的时间陪伴孩子，我将带给她什么？

后来，我找到了答案。

如果只能送给孩子一件礼物，我要送给她一把钥匙。让它能够帮助一个小孩打开自己人生的选项，就像拆宝箱一样。让她有机会看到广阔的世界，看到发光的自己；像一株植物一样，充分吸收阳光雨露大地的养分，进而长出强健的藤，开出美好的花，结出丰硕的果；还有很多伙伴，一起生长，去创造新的世界。

如果我只有一天时间可以陪伴她，我希望能做她的朋友。我希望能带给她快乐、自信、鼓舞和对这世界的好奇心、对生活的热爱，还有对自己未来无限生长的向往以及积极行动的力量。

这是我能想到的最好的答案。

怎么实现呢？我迫切需要破解这些密码。于是，这本《成长算法》也带着这样的期待出发。

我们集结了未来春藤国内外众多顶尖教育专家、学者以及社会思考者和实践者的智慧，参照了联合国教科文组织与国内外高校对未来人才核心素养的要求，完成了多次基于脑科学、心理学、教育学、认知发展学科以及社会发展学科的研究，结合大量家庭学校社会实践案例，进行了多次案例分析和调研。在此基础之上，老喻为《成长算法》重新编码了一套完整的孩子生长的生态系统。这个系统蕴含着 7 把充满诚意的金钥匙，用来打开孩子未来人生成长和幸福的大门。

与其给孩子一个世界，不如让孩子选择世界。

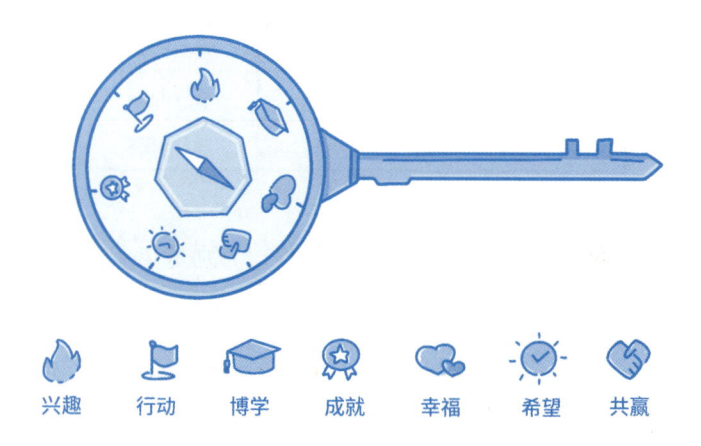

兴趣　行动　博学　成就　幸福　希望　共赢

为了让孩子和家长们看到清晰的路线图，我们把《成长算法》里的每一把钥匙分拆成了 3 个成长关键词，分别是底层能力、思维方式、行为模式，7 把钥匙总共汇集了 21 个成长密码关键词，构建了一套完备的孩子面向未来、自主成长的底层规律知识图谱。

孩子自主成长的21个关键词

底层能力	思维方式	行为模式
好奇驱动	聚焦思维	自主选择
大胆试错	成长思维	持续行动
跨界认知	科学思维	快速学习
解决问题	复利思维	适应环境
幸福关系	资源思维	学会偷师
长期主义	愿景思维	掌控时间
同理沟通	共赢思维	自我领导

这 21 个关键词，涵盖了 3 条纵线，分别是 7 个底层能力、7 个思维方式、7 个行为模式。这也是 3 条路线图，是给疯长的小生命以及我们自己搭建的一个可以轻松攀爬的脚手架，让我们无论处在人生旅途里的哪一个节点，无论走快一步还是走慢一步，都可以时时有参照，不疾不徐，在对的方向上自由攀爬，不盲从，不焦虑。

除此之外，为了更好地让这些钥匙在孩子的生命中转动起来，以打开那些宝藏，我们家长也分别扮演了7个重要角色，这7个角色里没有掌控者、替代者、牺牲者或者放任者，这7个角色分别是：守护者、助推者、启发者、激励者、滋养者、导航者、示范者。

为了让家长更好地扮演好这些角色，发挥好每种角色的作用，我们在书的每一章，都特别增加了"小故事"场景，提醒家长首先察觉到：哦！原来这些不起眼的生活场景，我们可以选择不一样的角色！既帮自己松绑，也能让孩子解锁关键的能力、思维和行为模式。

我们在每一章还专门设计了三个宝箱，有原则，有场景，帮助家长在变化的环境和碎片的信息里，掌握不变的法则。并且在每一章结束后，我们还专门设置了"小练习"，有主题，有方法，让家庭生活变成一场孩子乐于参与其中的有意思的游戏。

同时，我们还在书中帮家长列出了关键的"思维误区"和"家长小黑板"，这是一个避坑指南，帮家长们绕开那些容易掉进去的"坑"。

最后，我们还联合未来春藤教育规划研究中心的专家和老师们，一起制作了"微行动工具箱"。不要小看这些小工具，正是这些不起眼的微语言和微行动，让成长和教育这个大工程发生了大改变。

最后，想对所有看到这本书的幸运的家长们说，你无须成为完美父母，你只需要成为更好的自己。希望通过《成长算法》，我们有机会成为和孩子彼此欣赏一生的战略伙伴，也让我们有机会成为更好的自己。

很高兴能有机会和你一起解锁孩子自主生长的底层操作密码，同时也祝福所有的父母，可以一起享受和孩子平行生长的时空。让我们从这套"算法"出发，和孩子一起，做"成长的朋友"。

序章

重新出发
一份重启孩子未来教育的系统方案

> 你可以给予他们你的爱,而不是你的想法,因为他们有自己的思想;你可以庇护他们的身体,而不是他们的灵魂,因为他们的灵魂属于明天,属于你做梦也无法到达的明天。……
>
> ——纪伯伦《孩子》

养育和教育，对绝大多数父母来说，都是一件挺难的事。社会发展到今天，成绩好、分数高已经不是成功的标志，"独木桥"的位置已经变了。变到哪里去了，很多父母并不知道。

著名的英国牛津大学经济研究团队预测，现有的702种职业中，约有一半将会消失，所有就业者中有47%处于"风险"状态。

难怪有人说：我们的教育是在用19世纪的体制，教20世纪的知识，去面对21世纪的挑战。

这对中国父母和教育工作者也提出了新的挑战：我们怎么做才能让孩子现在成长好、学得好，将来过得更好？

显然，在科技快速进步，思考和创造成为社会进步的核心价值的今天和未来，我们再按照多年前工业时代的人才标准培养孩子，已经行不通了。

社会变化加剧，重新寻找教育的出路

我之前认识一位家长，在他的教育观念中有这样一个公式：

学习好＝上好大学＝找好工作＝不错的薪水＝成功＋幸福

显然，这就是我们曾经接受过的最传统的教育路线。所以，他对孩子的学业要求非常严格，如果孩子有一次考试成绩下滑，他都要找老师细问缘由，然后严厉地批评孩子，让孩子花大量时间和精力去分析原因。父母的这个做法造成了孩子对优秀的认知非常单一：学习成绩好就优秀。

最后，这个孩子倒不负众望，进入了全国一流大学读书。但进入大学后他才发现，自己的同学素质都很全面，他们不但学习优秀，见多识广，视野也更开阔。他这种埋头苦学、学业成绩很好，但在其他领域几乎没有涉猎的孩子，和同学一交流，完全没有优势，也非常难以融入，一度非常自卑。

我想，这位家长的做法代表了大多数家长的教育思维：按自己以往接受教育的方式和固有路线为孩子设计道路、选择资源，培养孩子成长。

当孩子还在学校时，这样的做法看不出什么问题，甚至还能表现出优势：孩子学习领先，功课优秀。但是，一旦孩子被投放到社会这个大环境里，父母会发现，自己之前对孩子那么用心、投入那么多，但孩子现在的表现却不尽如人意，甚至南辕北辙。这时父母便会困惑，难道是自己做得还不够多、不够好吗？究竟原因在哪里呢？

原因就在于，如今的时代，孩子学业赛道的成绩，已不再是未来竞争的保证，也不再是决胜未来的筹码。我们现在要做的，是摒弃孩子原有的那套单一的、传统的成长系统，要面向未来，重新帮孩子建立一个具有成长型思维模式的生态化系统。

这个系统的核心特点体现在：（1）能够应对未来的不可预测；（2）实现自主成长；（3）能够借助各种机会的不确定性。

思维误区 精力投入多，对孩子学习非常用心，过度注重单科成绩。

重新定义 摒弃原有单一的、传统的成长系统，面向未来变化，帮孩子建立具有成长思维的生态化系统。

简而言之，教育孩子已演变为一个复杂的系统，这个系统具有非常强的不确定性、不连续性和不可逆性。说它不确定，是因为我们谁也无法预测未来，预判不出孩子会成为一个什么样的人；说它不连续，是因为一时的努力未必有用，你和孩子的付出与回报不一定成正比；说它不可逆，是因为时光是单程的，孩子说长大就长大，走了弯路也无法悔棋，不可重启。

基于这样一个现实，今天的父母面临的子女教育难题就非常清晰了。概括起来，我认为主要是以下三种：

☆ **未来方向**：社会变化加剧，未来社会到底需要什么样的人？孩子到底该朝哪个方向努力？

☆ **当下选择**：当前应该选择哪种教育资源？我们如何为孩子做准备，才能助力孩子更好地决胜未来？

☆ **眼前难题**：教育效果和良性成长如何兼顾？面对孩子在学习过程中的种种问题，父母应该怎么办？

作为一个从业十余年的教育工作者，近几年来，我一直在思考以上问题。如果我们逆向思考：一个已经获得了自己所期望生活的孩子，在成长道路上都做出了哪些努力、具备了哪些能力、获得了哪些资源，才拿到了自己人生成功的号码牌？

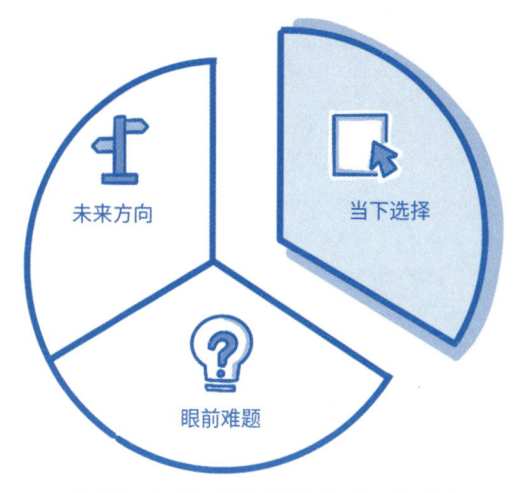

图 0-1 中国父母教育孩子最头疼的三大难题

当拨开现象看到本质后,我发现,那些优秀的孩子,不管是在国内参加高考的孩子,还是出国留学深造的孩子;不管是清华、北大破格录取的孩子,还是哈佛、耶鲁敞开大门迎接的孩子;不论是逆境中崛起的穷孩子,还是挣脱体制追求未来的反叛少年……他们成长的底层逻辑在本质上都是相通的。

那么,能让这些优秀孩子获得高质量成长的底层逻辑到底是什么呢?

我画了一个"金字塔法则"图,用它来表示我的思考认知。这个图由上到下一共有四层(见图 0-2):

图 0-2 "金字塔法则"模型图

第一层 who：孩子未来将成为什么样的人。

这一层我们无法设计，只能努力去唤醒孩子。父母必须认识到，孩子强烈的内在动机要胜过绝大部分外力。

第二层 why：科学认知。

未来 20 年，社会需要什么样的人才？那些优秀的教育，规律是什么？这就需要孩子对世界的真实运行原理建立科学的认知，这样才能知道自己该做哪些"正确的事"。

第三层 how：该怎么做。

孩子知道该做什么事是第一步，但关键是如何把事情做好。这时父母就要为孩子提供一种动力，让孩子知道如何"把事情做对"。

第四层 what：有哪些资源可以让父母利用。

这里的"资源"主要包括：优秀的教育理念、高价值的知识、高质量的课程，一所好的学校、一个好的教育机构、一位好的老师，甚至是便利的可快速分享的学习资源与教育信息等（见图 0-3）。

图 0-3　家长身边好的资源

面对这些资源，父母要做的就是做好选择和决策，找对方法，把事情做好。

掌握了这些底层逻辑，就弄明白了4个"W"的含义。这样，父母才能从漫无目的的教育焦虑中解脱出来，帮助孩子掌握决胜未来的关键能力，更大概率地走向成功。

构建系统思维，
激活孩子的成长系统

我在我的《人生算法》一书中曾提过，未来世界是一片烂泥地，我们与其费尽心思地为孩子铺路，倒不如让孩子成为一辆能在烂泥里跑起来的车。

要实现这个目标，父母除了掌握教育的底层逻辑，还需要构建一种系统思维，在孩子走向社会之前，根据孩子的个性引领孩子成长，培养孩子"自己跑起来"的能力。

有的父母可能会说，既然未来不确定，我们为什么还要对孩子的人生和未来进行规划呢？要回答这个问题，我们就要先了解一下"随机性"和"最优解"这两个概念。我举个例子来说明：

  我特别喜欢种植物，每年都会种下两株佛手瓜，它们生长迅速，产量喜人。有时它们的藤会爬到我搭建的铁丝网上，有时悬在空中，然后垂下去。

  我发现，佛手瓜的藤很美，哪怕只是毫无规则地"胡乱生长"，看起来与大自然也并不违和。但是，那些长在我搭建的铁丝网上的藤就比较难看。

  这便让我想起来了孩子的成长。佛手瓜藤的"胡乱生长"，简直像极了孩子们那不受约束的童年。佛手瓜"胡乱生长"的状态就是一种"随机性"，它的藤可长可短，也可能向不同方向攀爬，我们不知道它会长成什么样子。所以，"随机性"是说，这个世界充满了不确定性，经常会有一些我们意想不到的事情发生。在这种情况下，我们无须担心佛手瓜会如何攀爬、如何长出触须、如何结出果实。

  但是，要想让佛手瓜生长得更加旺盛，并且不生病害，就需要园丁去照顾它，帮它修枝剪叶、浇水施肥。园丁所做的这些工作，对于佛手瓜的生长来说就是一个"最优解"。所以，寻找"最优解"就是懂得事物的发展规律，能够通过自己的理性判断去发现和探索，寻找事物最佳的发展方向。

我们对孩子的教育，就是要在保持孩子成长"随机性"的基础上，基于每个孩子的成长规律，找到培养孩子的"最优解"。父母要像园丁一样，为孩子提供最适合的土壤和环境，助力孩子健康成长；而不是去做一个木匠，想方设法把孩子雕刻和塑造成自己想要的样子。因此，父母要摒弃之前那套陈旧的教育观念，彻底改变之前的固定思维，重新构建起一套基于孩子成长规律和能够应对未来发展的系统思维。

这套思维的核心，是从整体上把握孩子的成长路线，把孩子的成长和教育看成是一个动态系统，以未来为方向，培养孩子自主成长，鼓励孩子自己去选择世界。

那么，到底什么是系统思维呢？

系统，是由一系列相互联系和相互作用的要素构成的、能够实现某种功能或某个目标的统一整体。从这个定义来看，要构建一个系统必须包含四个部分：要素、连接、功能和目标。而系统思维，就是从多个不同角度去看待一件事的意义和影响，以及人与人之间的相互影响，用最简单的一句话概括，即"真相不止一个"。我们也可以把系统思维称为整体观、全局观,它所强调的是整体大于部分之和。

我有一个朋友,他每天晚上都给自己的孩子写一封信,夸奖孩子当天取得的进步,同时也表达自己对孩子无条件的爱。连续写了几天之后,孩子发生了神奇的变化:以前总要靠吼才能做事的孩子,突然变得积极主动了。他也给自己的父母写了封非常感人的信,感谢父母对他的照顾、关爱,他的妈妈看到信之后都哭了。

我的这个朋友就是在用系统思维中的"要素"教育孩子,把孩子看成一个独立的生命个体去尊重,把教育孩子看成一个完整系统去操作。表面看,他只是做了一件小事,实际上却影响了孩子的整个身心状态。在这种大局观下,父母下的每一步棋都是在激活孩子的整个成长系统。

这样的系统几乎都有强健、高适应度、韧性等特性,并伴随着试错中的学习。在不确定性的环境中,这些特性显得尤其重要。当然,系统在操作过程中也可能会出错,或者产生一定的试错成本,但当你掌握了这套系统的具体思维和做法后,你会发现,它完全可以接受局部的失败,并不会对孩子整体的成长和发展产生太大的负面影响。

7 把"金钥匙",
开启孩子自主成长之路

今天的孩子尤其需要新的成长系统,再加上世界环境的剧烈变化,父母和孩子都要去面对一个复杂的、不确定性的系统。针对这一现状,父母先要能勇敢面对,才能带领孩子去拥抱变化。

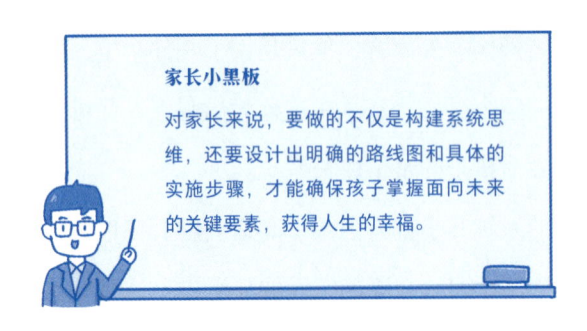

家长小黑板

对家长来说,要做的不仅是构建系统思维,还要设计出明确的路线图和具体的实施步骤,才能确保孩子掌握面向未来的关键要素,获得人生的幸福。

简而言之,就是要在系统思维的指引下,为孩子构建起一套有效的"成长路线"。

那么，我们怎么解决这个问题呢？

一是审视初心。想想我们教养孩子的初衷，就是渴望他做个幸福快乐、对社会有用的人。二是回归当下。要快速找到当下父母最急于解决的那些难题。

春藤家长 App 上曾针对几十万父母进行了一项调查，结果显示，在教育孩子的过程中，父母遭遇的最直接、最紧迫、最头痛的难题，排在前七位的分别如下（见图 0-4）：

最令家长头痛的教养问题

1. 不爱学习 不主动
2. 不会学习 没方法
3. 偏科 所学内容单一
4. 没成果 成绩差
5. 亲子关系差 叛逆
6. 没理想 没目标 没方向
7. 没朋友 社交能力弱

图 0-4　最令家长头痛的教养难题

上面这些难题，在现实中遍地都是答案，但仍然无法给父母一幅科学的、系统的"全景图"。

如果要从根本上化解眼前这些难题，就必须依靠底层的教育规律和科学认知，借助更多实践尝试样本，灵活调整教育规划，为孩子构建动态化的成长系统，设计基于规划思维的成长路线，以应对外界的种种不确定性。我把这套系统称为"成长算法"。

这套"成长算法"针对以上难题给出的整体解决方案就是：培养孩子面向未来成长的底层能力、思维方式和行为模式。在这本书中，我也是从整体上围绕这三点来帮助父母为孩子构建成长系统、设计成长路线的（见表0-1）。

表0-1 孩子的成长系统

难题	生态系统7要素		金钥匙 家长角色	孩子自主成长的21个关键词		
				底层能力	思维方式	行为模式
不爱学习	兴趣	根	守护者	好奇驱动	聚焦思维	自主选择
不会学习	行动	干	助推者	大胆试错	成长思维	持续行动
偏科	博学	叶	启发者	跨界认知	科学思维	快速学习
没成果	成就	果	激励者	解决问题	复利思维	适应环境
亲子关系差	幸福	土	滋养者	幸福关系	资源思维	学会偷师
没理想	希望	日	导航者	长期主义	愿景思维	掌控时间
没朋友	共赢	林	示范者	同理沟通	共赢思维	自我领导

我们先来看底层能力。

底层能力是孩子未来需要的一个软实力系统，它主要包含 7 个要素，分别为：好奇驱动、大胆试错、跨界认知、解决问题、幸福关系、长期主义、同理沟通。之所以选择这些要素，是因为比具体"怎么办"更底层的，是一个人童年或更早期的原生家庭影响。

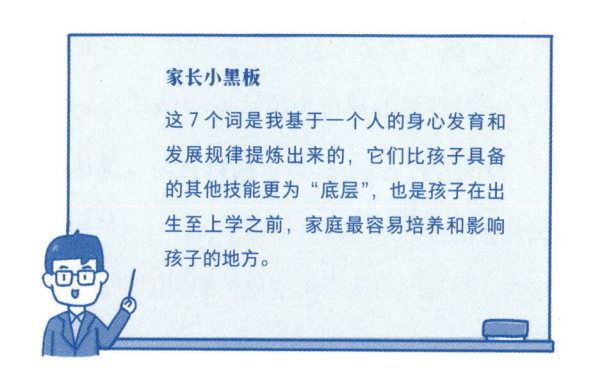

> **家长小黑板**
> 这 7 个词是我基于一个人的身心发育和发展规律提炼出来的，它们比孩子具备的其他技能更为"底层"，也是孩子在出生至上学之前，家庭最容易培养和影响孩子的地方。

接下来再来看思维方式。

思维方式，是一套大脑心智的运转系统，体现在一个人的身上，更多的是在学习和参与社会活动过程中解决问题、创造价值时的想法和判断。它也包含 7 个要素，分别为：聚焦思维、成长思维、科学思维、复利思维、资源思维、愿景思维和共赢思维。孩子如何思考，很大程度上决定了孩子如何行动，如何在社会某个领域内取得更大的成就，所以这些也是孩子成长过程中非常关键的底层思维。

最后说下行为模式。

行为模式是一套孩子可以习得的面向未来的动力系统。未来的不可预测性和来自科技的日新月异决定了，孩子走向未来时具有知行合一的行为模式，比掌握多少知识、懂得多少道理都重要。未来，孩子在多大程度上能够成为一个高手、一个"厉害"的人，主要都由其行为模式所决定。行为模式同样包含7个要素，分别为：**自主选择、持续行动、快速学习、适应环境、学会偷师、掌控时间、自我领导**。

以上这些，都是助力孩子自主成长的关键要素，也是孩子在当前的成长和未来发展过程中，父母应该抓住的最重要的事。

养育孩子如同种树。作为一个植物爱好者，我每年都要和家人一起在院子里种花种树。春天播种，夏日耕耘，秋天收获，冬日涵养。我觉得养植物和养育孩子真是太像了。我也常说，孩子的成长过程就像是一棵稚嫩的小树苗成长为一棵参天大树。大树想茁壮成长，离不开7个要素：根、干、叶、果实、土壤、阳光和整片森林。如果我们把孩子的成长过程比喻成大树的成长过程，那么孩子成长所需要的各个因素和条件与大树成长的 7 个要素从本质上来说是相通的：

☆ 根：代表孩子的能力，包括天赋、个人优势、兴趣、主动性、动机和动力等；

☆ 干：代表孩子的成长过程和发展过程，包括成长型思维和行为方式等；

☆ 叶：代表孩子的求知、学业，包括认知能力、学习能力、思考方式等；

☆ 果：代表孩子获得的成果，包含解决问题、获取成果以及适应环境和坚韧毅力等；

☆ 土：代表为孩子提供的环境，包含爱、安全感、文化自信以及各种社会支持等；

☆ 日：代表孩子的人生意义和理想，包含对未来的预见力、对时间的掌控力等；

☆ 林：代表孩子的人际交往和社会能力，包括关键的倾听表达、同理心、领导力等。

特别像泥土里的一棵树的孩子们，都需要阳光雨露、空气水分、森林环境。这些大自然可以给予。那么我们父母能给孩子什么呢？我们父母同样可以给孩子我们手里的"阳光雨露、

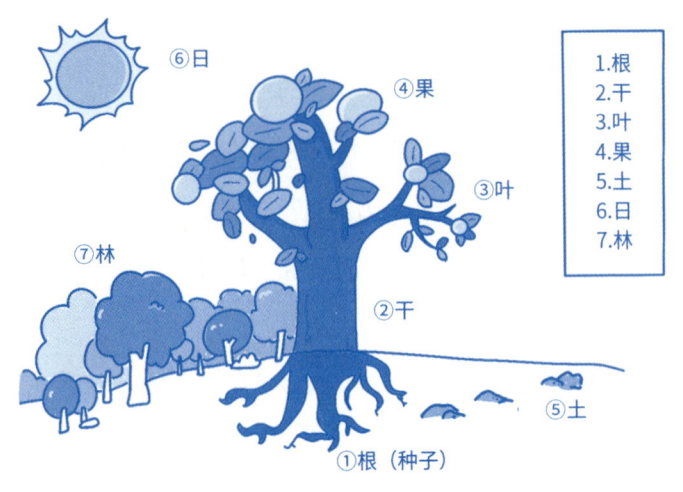

图0-5 孩子成长系统7要素

空气水分、森林环境"。它们就是被我称为开启孩子自主成长之路的7把"金钥匙"。

☆ 金钥匙一（根）：兴趣——拥有主动学习的内驱力

☆ 金钥匙二（干）：行动——学会自己选择行动路径

☆ 金钥匙三（叶）：博学——成为20年后最厉害的人

☆ 金钥匙四（果）：成就——从学业成绩到人生成果

☆ 金钥匙五（土）：幸福——美德是个人的核心竞争力

☆ 金钥匙六（日）：希望——能够"预见未来"的能力

☆ 金钥匙七（林）：共赢——实现聪明、富有、幸福的人生可以看出，这7把"金钥匙"是对应前文孩子成长系统的7个要素。

从整体上说，7把金钥匙与7个成长要素彼此关联，共同构成了父母与孩子一起成长的生态体系。更关键的是，这7把金钥匙并不只是简单的隐喻，其中每一把金钥匙都涵盖了孩子成长所需要的最关键的三个成长系统，即底层能力、思维方式和行为模式。这也是我这套成长算法中最为核心的地方。

掌握这7把金钥匙中的内容和方法，不但能让父母形成系统思维，关键是可以启发和推动孩子在成长系统当中不断修正自己，实现自主成长。在这个过程中，父母的角色也不再像以前那样，是一个鞭策者或教育者，而更像是一个守护者、助推者、启发者、激励者、滋养者、导航者和示范者（见表0-1）。完成这样一个角色转换，其实也是完成了一次思维改造与思维升级。

当然，我不认为每个家长都要亲自成为教育专家，这不现实，所以我在这套成长算法中所阐述的一切内容都是围绕孩子的成长和家长的挑战展开的。但是，它却能为我们提供一个科学的思维，帮我们构建一个助力孩子成长的整体框架。我希望通过这个框架能让父母明白，在孩子成长过程中，父母能做的就是：小事失控不焦虑，大事面前不糊涂，关键时刻推一把。

"知易行难"是我们中国人自己总结出来的智慧。它提醒我们这些做父母的人，只知道有哪些能力对孩子的未来有帮助还远远不够，我们还要努力学会怎样帮助孩子尽快具备这些能力。

任何好的方法和理念，都要去实践，才能有作用。

本章小结：成为有准备的父母

> 📖 **小故事**

天下没有不焦虑的父母

有天上午，我和一位做投资很成功的朋友喝早茶。这时，旁边走过来一个人，很客气地打招呼。我这位朋友平时不怎么搭理人，这时却起身寒暄。原来，那个人是位比他还要厉害的某著名投资大佬。

那位大佬如此彬彬有礼，仅仅是为了托我的朋友帮个小忙：给他的孩子安排一个暑期实习。我当时不禁感慨：为了孩子，不管多厉害的人都会放下架子，表现得相当"卑微"。

天下没有不焦虑的父母。不少事业上很成功的朋友，在教育孩子上也是焦头烂额，毫无办法。焦虑不可怕，焦虑本身是一种动力。可怕的是让焦虑成为常态。

高手家长如何成为有准备的父母？以下是三个给孩子的教育宝箱，请收下。

第一个宝箱：发现具体路径的"四阶"

"焦虑的反义词是什么？是具体。"周轶君的这句话说得特别好。"当我们脚踩到具体的路径上，一步一步往前走的时候，就没有这个焦虑。"难题是，具体的路径是什么？

有人说："我就是因为不知道'具体'，才会焦虑啊。"

我将教育的具体路径和方法总结为"四阶"：
零阶：教育的常识和元认知。
一阶：解决问题的具体方法。
二阶：大方向的判断和具体路径的选择。
三阶：让孩子自己选择路径，主动试错，快速进化。

第二个宝箱：停止低层次的努力

为什么大多数家长在教育上的努力是无效的？因为大家忽视了底层逻辑，只是在做"低层次的努力"，把精力和资源花在表面了。研究表明，许多具体的养育方法和成功公式，其实是无效的。

作为父母，我们最容易犯的错误是，太关注具体该怎么做，而忽略了教育的本来目的。正确的做法应该是：先思考事情的本质，再想如何来实现，最后才考虑该做什么。

第三个宝箱：激活生命最基本的动力

最近我在花园里种下两株浆果，一铲一铲往里加土，在间隙里又种下十来棵草莓。心想：干地里的活，非得一点一点来不可。要想快的话，就要借助机械和种植科学，通过自动化实现复制，从而产生规模效应。

再深入想：最大的自动化，还是来自植物本身的自动化，依靠DNA（脱氧核糖核酸）、光合作用，以及太阳缓慢而稳定的核反应。生命本身的复制和演化，是教育和成长最基本的动力和能量。

想想看，如果没有种子本身携带的信息，我们即使有再厉害的播种机，再厉害的化肥，浇再多的水，又有何用？

📝 **小练习**

和孩子一起绘制人生金字塔

请你和自己的伴侣一起，陪孩子完成下述任务：

1. 我未来想成为什么样的人？
2. 为什么我要成为那样的人？
3. 我该怎么做，才能成为那样的人？
4. 现在有什么事情，是我立即可以开始做的？

绘制好人生金字塔，让孩子签个名，写上日期。大家可以约定每年更新一次，看看自己的想法会发生什么变化。

金钥匙 1 ｜兴趣
激发孩子主动学习的内驱力

每一个孩子都是天生的学习高手，如果你想做有远见的父母，那千万不要让孩子过早进入成人学习模式，更不要用成人的思考模式给孩子设限。

——高普尼克的研究结果

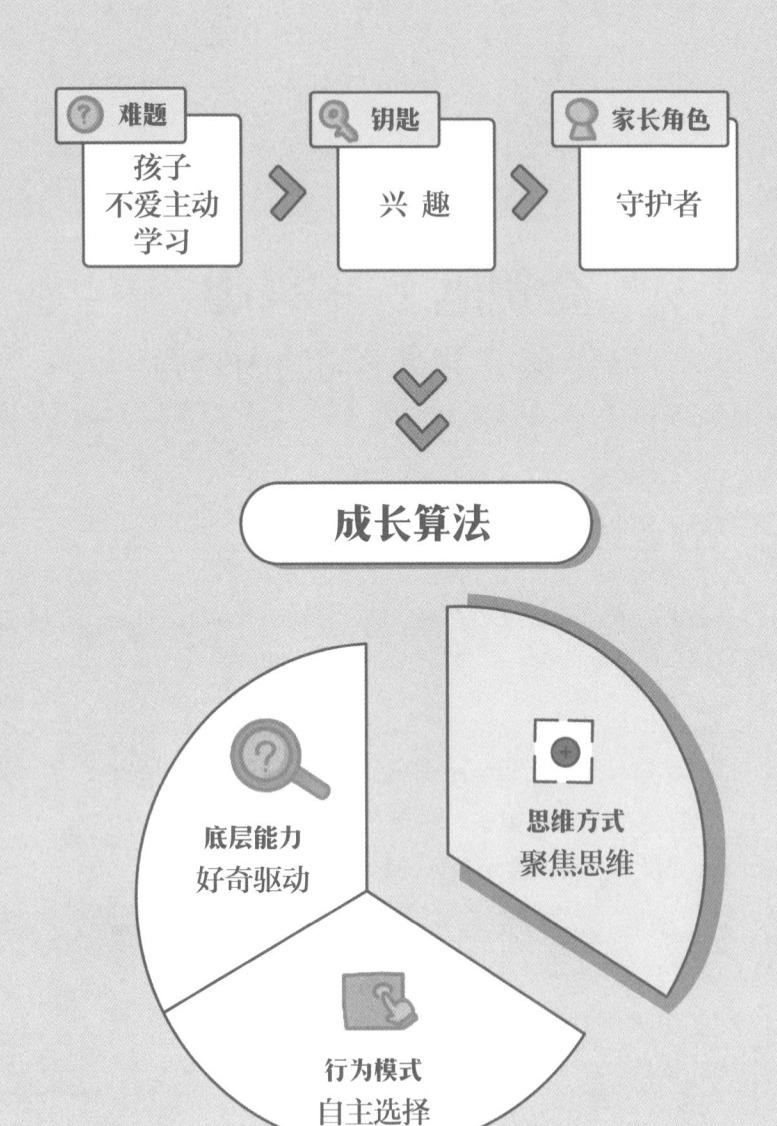

```
┌─ ❓ 难题 ─┐   ┌─ 🔍 钥匙 ─┐   ┌─ 👤 家长角色 ─┐
│  孩子      │ ▶ │           │ ▶ │              │
│ 不爱主动   │   │   兴 趣   │   │   守护者     │
│  学习      │   │           │   │              │
└────────────┘   └───────────┘   └──────────────┘

              ⇓⇓

         ╭─ 成长算法 ─╮
```

- 底层能力 好奇驱动
- 思维方式 聚焦思维
- 行为模式 自主选择

我经常在网上看到一些父母分享辅导孩子学习时崩溃的小段子、小视频。

"我那个儿子,很聪明,就是不爱学习,怎么办啊?"

"一写作业就头疼、喝水、上厕所!怎么才能让他改掉这些毛病呢?"

"为什么无论我怎么说,他都不听?怎么感觉学习不是孩子的事,而是我的事!"

"为什么别人家的孩子那么爱学习,我家的却对学习完全没兴趣?"

……

为了让孩子能够好好学习，父母通常比孩子更努力，绞尽脑汁用尽各种方法和策略，惩罚、奖励、表扬、逼迫，甚至陪读、陪学、监视，但据我的观察，大多数收效甚微。

站在父母的角度，假如我们沿用从工业时代延续下来的成绩、排名、升学等这些外驱力来激励或者监督孩子，作用究竟有多大？站在孩子的角度，如果一个曾经聪明伶俐的孩子发展得不好，他到底应该怨"原生家庭"不够给力，还是怪自己不够努力？

这一章我们就来分析一下，一个孩子从普通到优秀、从优秀到卓越，究竟需要什么力量。

我们从一项研究中找到一些有参考价值的答案。加州大学经济学教授格雷戈里·克拉克曾做过一项实验，他通过对40万英国人进行统计研究发现，父母可以对下一代造成影响的只有两个关键因素：一个是基因，一个是财富。这个答案有点令人沮丧，孩子之所以"青出于蓝"，基因的选择占了大部分，跟作为父母是否"合格"关系不大，却跟父母是不是"高手"关系很大，因为就连创造财富的基因也会遗传。简而言之，孩子是否能超越家庭变得更加优秀，一是靠运气，二是靠基因，三是靠自己后天持续的学习。这其中运气还占了挺大部分，因为基因的选择也有随机性。

世界上存在太多不确定性,我们不希望孩子纯靠运气活着。如果孩子想要的不只是比父母"聪明"那么一点点,那就超越了基因的影响范围了,这就要靠孩子终身学习。也就是说,更需要孩子具有驱动其终身学习的热情。而这一切的核心,就是孩子需要先找到自己的内核:自驱力。没有自驱力,一切外在动力都是无用的。

这就是为什么岸见一郎在《被讨厌的勇气》里面说,学习是孩子的课题,不是你的课题,你可以把一匹马领到河边,但是最终喝不喝水,那是它自己的决定。

可是,问题来了,孩子没有学习的兴趣怎么办?既然监督威逼利诱都没有用,怎样做才有用?这一章介绍的是高手家长的第一把"金钥匙":守护孩子的兴趣,激发孩子持续成长的内驱力。我从底层能力、思维方式和行为模式这三个方面,总结出三个关键点:

第一,好奇驱动:好奇心是孩子产生兴趣与优势的内核。

第二,聚焦思维:专注当下,看向远方,让孩子走得更远。

第三,自主选择:自主性和掌控感,让孩子飞得更高。

好奇驱动：
好奇心是孩子产生兴趣与优势的内核

孩子出生时就像一颗闪闪发光的钻石，充满无限可能性，但随着他们长大，我们便开始怀疑这是否是一个错觉，只能不甘心地安慰自己，毕竟在人类长河中，灿若星辰且照耀了整个人类夜空的天才可谓凤毛麟角。

难道我们的孩子注定平庸？著名的"刻意练习"法则研创者、美国佛罗里达州立大学心理学教授安德斯·艾利克森博士曾提出过一个杰出人物的成长路线：产生兴趣—变得认真—全力投入—开拓创新。这个路线图也描绘出了一个平凡的人如何从平凡变得杰出的过程，即：兴趣—投入—优势—持续创新。

它提醒我们，那些杰出人物之所以从平凡变得杰出，首先需要感兴趣，然后持续投入，加强积累优势，继而以更大的兴趣继续投入，让人生获得创新和成就的可能性不断扩大。这条路线几乎没有捷径可走，而对事情"感兴趣"的能力是这一切的基础。

那么，兴趣是从哪里来的？

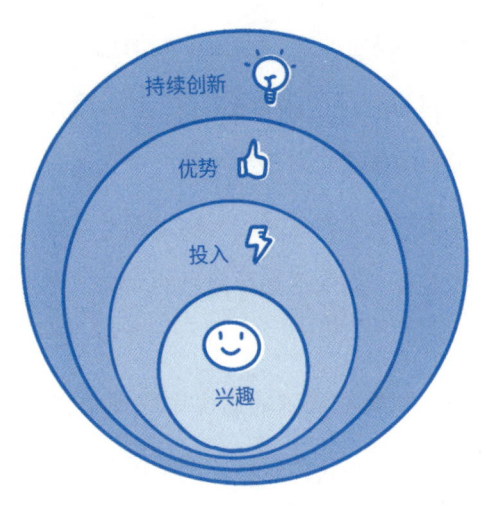

图 1-1 从平凡到杰出的成长路径图

一项研究表明，一个婴儿看到一些意想不到的事情也会产生兴趣，会盯着看很久，试图弄清楚事情发生的原因是什么。婴儿对意想不到的事情有一种内在积极的渴望，这就是人类强大的、天生的好奇心。

哥伦比亚大学临床心理学博士劳拉·马卡姆通过不断研究发现：人类天生好奇，因为学习可以增加生存概率。孩子天生会不断探索、学习、练习，对感兴趣的事情乐此不疲，无论在哪个时代，每当有新技术出现时，孩子总会比父母学得更快。

好奇心竟然是天生的？这真是个好消息。简而言之，每个孩子生下来都自带一部"武功秘籍"，上面写着三个字：好奇心。拥有好奇心的孩子会对事物不断产生兴趣，继而在探索中感受到无与伦比的快乐，这是上天赐予孩子最好的礼物。我认识的所有杰出人士，以及遥远星河里的大师，无一不是"好奇宝宝"。

坏消息是，从我们看到的诸多家庭现状来看，并不是每一位父母都能在孩子童年的时候守护好这份天生的好奇心。比如，妈妈会觉得干扰孩子的东西太多，容易走神，要时刻盯紧孩子的学习；爸爸觉得孩子天生淘气，于是想方设法让孩子远离热闹的游乐场所。

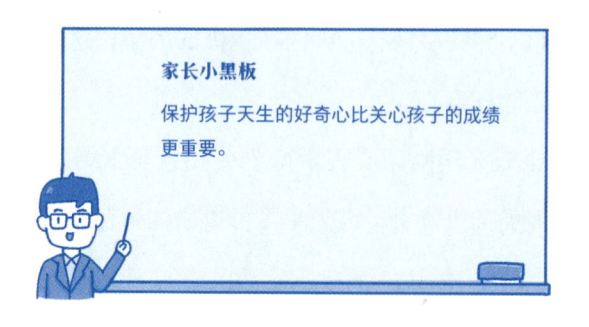

家长小黑板
保护孩子天生的好奇心比关心孩子的成绩更重要。

孩子的好奇心，时常被这些强行干预打击得无影无踪。在成年人中能够时刻保有这份好奇心的人也非常稀少,他们就是我们看到的那些终身学习者。

要想实现这一点,父母需要抵抗住童年的混乱。

从婴儿的时候开始,孩子就擅长把一切搞得一团糟。把饭粒撒满桌面,把颜料涂满墙面,爬到厨房把面粉掏出来,撒到每个角落,把每一个尿不湿都拆开然后用水都洗一遍……然后快乐地大笑收场,留下一个"灾难现场"。

这对中国的家长来说是一种巨大的身心挑战。假如换一种"未来"视角来看待这种混乱,也许能让新手家长们的心态有所不同。

你有没有发现,每一个孩子都喜欢玩水、沙子、泥土,把它们捧在手里,踩在脚下,反复触摸、玩耍,感受大自然带给他们的无穷无尽的乐趣,这些游戏环节,都是宝贵的"学习场"。小时候用土堆城堡,长大后打球、画画、看物、阅读、创造,如果孩子继续把这些当成游戏,保持好奇心,就能更好地维持学习的乐趣,不管是学到一个新的词语,还是学到一项新的技能。

对于新手父母来说,我们可以把孩子拉到外面的世界去"制造混乱",因为不用收拾太多"烂摊子",大自然是孩子最好的天然游戏室。

> **思维误区** 远离玩乐的场所,只有书桌前才是最好的学习场所。

> **重新定义** 能够让孩子探索兴趣的"游乐场",也是最好的学习场。

如果你希望守护孩子的好奇心,我在这里为你提供一个高手家长指南:

第一招:把生活和学习的场景游戏化。

在孩子学习算术时,你可以和孩子玩"24点"的游戏;孩子背英语单词时,你可以引导孩子玩"单词接龙"的游戏……你可以把围棋当成一场游戏,也可以根据孩子的喜好设置一些其他游戏,跟孩子一起参与其中。

一场好的游戏化场景通常包括几个要素:甜蜜提示、奖励机制、好奇入胜。

1. 甜蜜提示

像游戏一样设置甜蜜的"钩子",让孩子在潜意识里觉得学习是一件甜蜜的事。

家长小黑板

游戏就是学习，学习就是游戏，如果我们能意识到这一点，孩子的学习之路会变得更轻松。

几年前，有一位记者问杨振宁教授："中国为什么没有人得诺贝尔奖？"杨振宁教授说，问题就出在一副对联上："书山有路勤为径，学海无涯苦作舟。"有一次杨振宁回母校，看到校门口挂着这副对联，就坚持把它拿下来，重新题了一副："书山有路勤为径，学海无涯乐作舟。"将原来中的"苦"改为"乐"。

学习本身就是一件令人快乐的事。很多时候我们把学习这件事搞得太苦了。在孩子的潜意识里开启一个"甜蜜诱因"提示——学习是一件快乐的事，这是减少孩子学习阻力的一个方法。

关于这一点，犹太人就很会利用。犹太人在引导孩子学习时，会采用一个特别的"提示"：提示甜蜜。他们认为知识是甜蜜的，学知识也是一件甜蜜的事，所以在为孩子做启蒙教育时，会把一滴蜂蜜涂在书本上，然后让孩子舔一下，感受到书本的甜蜜，让孩子从内心产生"学习是快乐而甜蜜"的念头。这个方法看似简单，却把孩子的天性充分调动起来。

"提示"的意思是，让它出现在孩子能够看到听到和感受到的场景里。想要引发孩子在任何事情上的投入，进而养成习惯，"提示"都很重要。比如，把孩子学习的场所营造得快乐有趣，让学习的工具出现在容易开启学习的地方，父母展现出愉悦的情绪，对孩子来说都是甜蜜的诱因。

2. 奖励机制

唐纳德·赫布在1930年做了一项实验，大大刷新了我对孩子学习态度固有的认知，原来奖励还可以这么设定！

> 实验人员告诉600个6~15岁的学生：如果他们在课堂上表现欠佳，他们就会被罚出去玩；如果他们好好表现，他们会有更多的功课要做。这个把好的表现和更多的功课关联在一起的新思路，大大超出了我们通常的做法。
>
> 结果超出预料，在短短的一两天内，学生们全都选

择了在课堂上好好表现而非出去玩耍（并且他们学到了更多的知识）。

为什么有些孩子会沉迷于游戏体验，是因为游戏能够给他们带来持续的快乐正反馈，这正是我们可以利用的。一直以来，我们都是用"玩"来奖励"学习"：只要你好好学习、表现好，就可以出去玩！大部分孩子被迫接受了一个心理暗示：玩是好事儿，学习不是。不停地用这种激励机制对孩子进行灌输，他们才变得越来越不喜欢学习。

能够继续学习是对学习最好的奖励，正如同对好人最好的奖励，就是帮助他成为一个好人。我们还可以用随时随地更轻松的奖励，来给予孩子正向反馈，比如用一个胜利的姿势来庆祝新的发现，用拥抱来鼓励孩子完成新的探索。

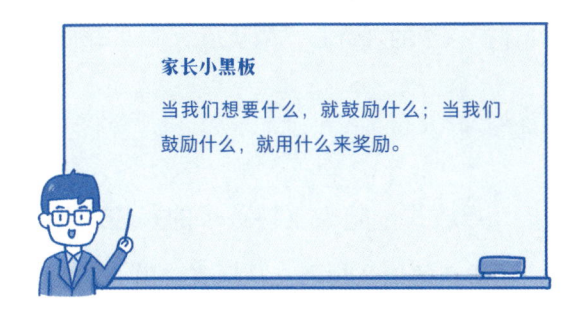

> **家长小黑板**
> 当我们想要什么，就鼓励什么；当我们鼓励什么，就用什么来奖励。

3. 好奇入胜

犹太人在引导孩子时还有一招——提出能引人好奇的问题。孩子在学习中犯错时，他们一般不会严厉地惩罚孩子，而是把犯错当成孩子最好的学习机会，并借机向孩子提出引发他们好奇心的问题。

比如，孩子不小心把杯子掉在地上摔碎了，很多中国父母可能会马上训斥孩子不小心，但犹太人却会就此问孩子："为什么杯子没有掉到天上，而是掉在地上了呢？"这就把"犯错"变成了激发孩子好奇心和求知欲的教育材料。

一旦孩子有了好奇心，即使没人引导，他们也会产生研究和探索的欲望，哪怕这个过程很困难，他们也甘之如饴。

犹太人的这种教育方法，在今天看来仍然有很多可借鉴之处，我把这种方式叫作"好奇入胜"。在这种教育方式里，孩子对学习感知到的是快乐而不是压力。做个好奇的大人，然后才能很好地保护孩子的好奇心，调动孩子对学习和探索的持续热情。

第二招：开放式试验，支持孩子的兴趣选项。

埃隆·马斯克的母亲梅耶·马斯克曾说："人们总是问我

怎样才能培养出成功的孩子,其实我只是让他们跟随自己的兴趣罢了……当孩子们有需要时,我就给予支持和鼓励。当他们想要我给出建议时,我才会开口。通常我的回答都比较简短。"

杰出的人往往对很多领域都感兴趣,也能在很多领域创造成就。开放地考虑各个维度的选项,也会给孩子更大的可能性。作为父母,你无法帮他们决定他们未来想做的事情。

现实中有些时候,这种开放性的选择对于父母来说并不是件容易的事,尤其是在自己看不到"全景图"的时候。我曾看过一个泰国的公益广告:

一个四五岁的小男孩,很喜欢化妆,经常把妈妈的口红涂在自己嘴上,妈妈在门外看了,开始很担心,她第一反应是把口红夺过来,重重摔在地上。她怀疑孩子不够阳刚,买了很多阳刚的玩具给儿子,结果发现儿子又开始在各种玩偶上涂化妆品。看着屋子里各种化了妆的玩具,她很生气。看到儿子真诚又执着的眼神,妈妈做了一个重要的决定,影响了孩子的一生。她决定支持他的兴趣爱好。她把口红递给儿子,说道:"来,帮妈妈涂上。"儿子脸上露出了开心的笑容。

从那以后,妈妈开始配合他一起涂,让他自由地创作,男孩最终成了一个特效专家。

"谢谢你妈妈,相信我喜欢的。"孩子做喜欢的事,以他自己的方式成功,他发现了更大的世界。

我给家长们的建议是,意识到自己看到的世界有局限性,对孩子的选择多一分等待和包容,说不定会看到不一样的花开时刻。多给孩子一些选择和努力的空间,为孩子找到学习探索的乐趣感到欣喜。守护孩子的兴趣和爱好,在条件允许的范围内提供支持,也许这就是让我们的孩子有机会去选择世界的最大的秘密。

聚焦思维:
专注当下,看向远方,让孩子走得更远

让孩子找到兴趣的方向显然非常重要,但摆在父母面前的难题是:如果尊重孩子的选择,孩子只是一时兴起怎么办?很

多人童年时发展了很多兴趣，最终都半途而废了，并没有作用到成年的人生。

面对孩子如此不可预测的漫长人生和频繁变化的兴趣选项，在不断涌现新元素的环境里，该怎样帮孩子做好选择？

面对这个问题，我跟大家分享第一个"聚焦思维"模型："蜜蜂＋苍蝇"模型。

从长期看，我们应该像蜜蜂追逐光源一样勇往直前；从短期看，我们应该像苍蝇一样做更多尝试。光源就像孩子找到了自己的天赋所在和擅长领域，可以引导孩子建立领先优势，更容易从所做的事情中获得快乐。

很多父母喜欢逼着孩子在他不喜欢、不擅长的地方死磕。黑石基金创始人在谈及人生经验时却告诉大家，自己学到的第一堂课是：发挥你的比较优势。你需要关注的是：能否在学习和工作中发挥优势，尤其是比较优势，而不是拼命地去补足短板。

围棋里面有一个词叫"优势取胜法"，也就是说，你要集中自己的优势兵力，在自己占优的地方战胜对手，而不是在自己不占优的地方和对手死磕。作为父母，我们要善于发现孩子的优点和特长，然后想办法帮助他构建属于他的优势。

但现实中并没有一种绝世武功,如我们期待的那样,只要入门修炼就能成为自己的独门绝技,大多数的成功更像是苍蝇无数次乱撞之后偶然得到的。不同凡响的成功,多来自复杂系统的涌现。剥去了那些假"光环",去掉那些伪"优势",剩下的才是那个真"光源"。

最好的选择是保持长期的探索,并展开多样的尝试。我建议家长先建立一个选择的"知识图谱",看到孩子成长路上选项的全貌,广泛试错,然后选择性聚焦。

孩子除了当下的选择,也离不开长远的人生规划和持续的坚持。如何平衡眼下和未来的投入,让重要的选择持续输出成果?我跟大家分享第二个"聚焦思维"模型:"雄鹰+蜗牛"模型。

有这样一个说法:能够到达金字塔顶端的动物只有两种,一种是雄鹰,一种是蜗牛。

图 1-2　雄鹰和蜗牛的各自优势

雄鹰之所以能到达顶端，因为它有翅膀，还有广阔的视野，可以鸟瞰全局；蜗牛之所以能到达顶端，因为它足够专注，认清了方向后，就持续努力向前。到底我们要选择做雄鹰还是做蜗牛呢？

我的答案是：二者必须兼具。雄鹰的特点是可以鸟瞰全局，能够帮助我们把注意力聚焦到战略方向上。简单来说，就是引导孩子做正确的事——我要成为谁？蜗牛的特点是专注眼前，一步一个脚印地不断向前——我是谁？它提醒我们要努力把眼前的事情专注地做完、做好。

思维误区 顺其自然地跟着孩子的感觉走，孩子喜欢就好。
重新定义 宏观战略、微观精进和持续努力，缺一不可。

在一些善于创新的企业里流传着这样一句话：今天和25年之后隔着一个大胆的猜测。25年以后成为谁，与这两个月的关键动作，是两项同等重要的工作。孩子的一生和企业也是一样的，可惜大多数孩子没有提前做好战略性聚焦，包括顶尖学府的学生。

我就曾遇到过一个曾经很优秀的年轻人，名校理工科专业毕业，毕业后就一直在导师推荐的国内一家外企工作，后来经历了被裁员后，后面的人生就开始停滞不前，历经几家公司都无法再向前一步。据说，他中学时业余时间爱好写小说，夜里家人都睡了他还拿着手电筒趴在被子里写。他写的小说当年还在学校里被传阅，天赋很高。高考他以高分考入了国内某著名大学和高分专业。大学期间还创办了一家教育机构，在当地火爆一时。毕业后的第一份工作也很顺利，步步高升。但是令人疑惑的是，他每件事都是三分钟热度，高开低走。

要想精准地预测一个孩子的未来，看起来是徒劳的。很多孩子的人生都存在着不连续性，但并非经历了第二曲线或者实现了跃迁，而只是经历了不同的阶段，碎片并没有拼凑起人生的蓝图，也没有大概率走向成就与幸福。

怎样才能有效利用聚焦思维，让孩子走出一幅真实而美好的人生图景？家长如何做到心中有规划，让孩子少走弯路？简单来说，抓住以下两点很关键：

第一，像雄鹰一样看向远方，向高手学习，坚持做对的事情。

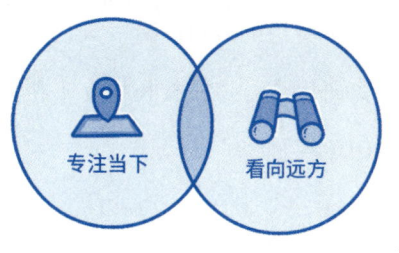

图 1-3　父母培养孩子聚焦思维的两个原则

第二，像蜗牛一样专注当下，跟自己比较，坚持把事情做对。

用一句话总结，就是用对的方式在对的事情上持续地做下去。

自主选择：
自主性和掌控感，让孩子飞得更高

通过春藤家长 App 对上百名父母的调研，我发现大多数父母对孩子都有一个共同的画像：懒，不独立，做事拖拉；喜欢宅在家里，讨厌社交；长时间沉迷于游戏……说白了，就是孩子的自主性差，很多家长都想搞明白让孩子的人生失控的真相。

这让我想起一个身边的故事。有一天，我参加了成都某小学举办的一次教育研讨会，该校校长杨女士在大会上讲了她女儿的故事，让我印象深刻。

杨校长有着多年教育经历和丰富的教学经验。但在女儿的教育方面，她却一度很失落。女儿厌学，为了给女儿找到好的学校，中学时还让她转了几次学，结果学习的热情和成绩不但没有好转，反而一落千丈。在这个过程中，杨校长不断追问自己，作为多年教育工作者的自己，为什么教育不出爱学习、成绩好的孩子？她一度怀疑女儿到底出了什么问题，也怀疑自己做的一切强势的安排是否合理。

幸运的是，女儿在完全推翻了自己的安排，选择了退学之后，开始了人生的进阶之路。

她独立地完成了复杂的海外学校申报过程，选择了自己喜欢的专业——服装设计，并且顺利通过了考试，拿到了好几家学校的录取通知书。可以说，她女儿的经历就是一个跳出了妈妈的安排，由学渣变自主学习搞定一切的学霸，最终还顺利成了一名服装设计师，刚毕业就创立了自己的品牌。

　　杨校长说，她曾经执着地认为自己是教育专家，有能力帮孩子安排好一切。现在她的态度变了，她更愿意相信和支持女儿自己的选择。

一个为自己的选择负责的孩子，就像金子迎来发光的时刻。即使父母是教育专家，如果不让孩子在成长的道路上学会自主选择，父母再好的决策也只能徒劳无获。

　　曾有一位心理学家对小学生的自主性状况进行了调查，当心理学家问他们："在学习和生活中，遇到难题了怎么办？"小学生几乎异口同声地回答："找爸爸妈妈或老师帮忙。"心理学家又问："那以后你们想要做什么呢？"70%的孩子回答说，要问问爸爸妈妈才能知道。

　　这项调查也显示出，当前很多孩子的自主性和内驱力严重缺乏。孩子天生都是爱学习的，后来到底是什么让他们失去了成长的动力呢？

　　在春藤家长社群里，有一位妈妈提供了一个案例。她说，自己的女儿乐乐在小学三年级时开始对学习产生排斥，甚至有了厌学的情绪。妈妈发现后很着急，先后帮乐乐换了好几个家教，都无济于事。

后来，在咨询了教育规划师后发现，妈妈每天对乐乐说得最多的一句话就是："快去学习！"每次写作业，妈妈都会在旁边不停地纠正和辅导，这让乐乐对学习产生了厌恶情绪，甚至形成了心理阴影，觉得只要自己一学习，就会不断被妈妈催促、监视，由此渐渐对学习形成了心理负担。

神经心理学家威廉·斯蒂克斯鲁德和教育专家奈德·约翰逊指出，我们正在养育最焦虑的一代孩子。有数据表明，在过去的十几年中，青少年儿童精神障碍比例不断上升，包括焦虑、抑郁和自我伤害等。这两位专家认为，在孩子压力增长的背后，最重要的动因就是自我控制感的降低。这让我想起了那些"啃老族"的新闻，父母的包办其实是剥夺了孩子继续成长的可能。

好的教育，是把选择权交给孩子。当孩子拥有了更多的权利和自由后，也就意味着他可以承担更多的责任和义务。就像格兰特·霍尔沃森说的那样："孩子渴望在归属感中获得幸福，在新事物中获得成长，在自由选择中获得内在动力。"

所以，现在你要学会把比赛权还给孩子，你只需要当好教练员，在孩子需要你的时候给予支持和鼓励，而不是事事包办。越早让孩子直面社会的真实环境，孩子就能越早学会驾驭自己的未来。

杰克·尼克劳斯是有史以来最伟大的高尔夫球选手之一，他曾经在18场重大的锦标赛中赢得冠军，在职业生涯中打破了无数次纪录，很多至今仍无人超越。在一次锦标赛中，他失利了。结束后，他这样发牢骚："命运是攥在我自己手中的，但我还是没有发挥好。"

我被这句具有强烈主人翁意识的宣言震撼了，他定义了自己和自己可以控制的事情。在环境条件都不是特别有利的比赛里，他没有给自己找任何借口。这位高尔夫球手为我们提出了一个有趣的话题：是谁在控制一个高手的表现呢？答案正是他自己。

杰克·尼克劳斯的这种强大的自主意识，正是来自他的父亲。他的父亲善于给他自主选择的权利，以及有效的建议和无条件的支持。在采访中尼克劳斯告诉记者，从少年高尔夫球选手到职业选手，他的父亲一直都支持他、鼓励他，尊重他对自己的这种控制感，并为他提供指导以及更多的事情。

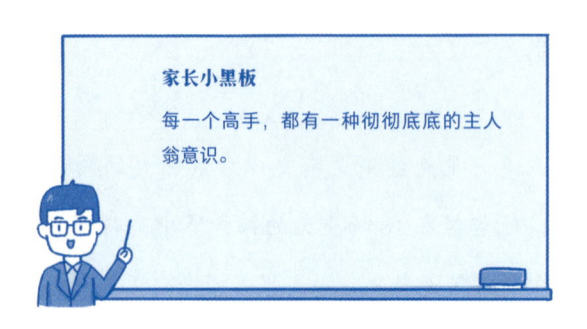

> **家长小黑板**
> 每一个高手，都有一种彻彻底底的主人翁意识。

这就是高手的人生真相：通过掌控和驾驭，让自己在不利条件和环境参数中找到最优解。孩子也是一样，正是这种自主选择让孩子可以勇敢直面每一次挑战，不断超越自己，逐渐形成掌控自己人生的关键力量。

但父母要记住，如果不是他自己的选择，就无法真正发生持久的改变。不论是对成年人还是对孩子，没有人能够把自己的意志强加给别人还能产生好的结果，除非那是他自己的选择。

举个简单的例子，在孩子的独立意识刚刚萌发时，看到大人做什么，他们都会学着做，比如吃完饭后要自己把碗送到厨房。这时有些父母就特别担心孩子会打碎碗，不让孩子拿，这就剥夺了孩子的选择权和决策权。孩子真的打碎了一个碗，他从中学到的东西要远远大于10个碗、100个碗的价值，这要比我们耳提面命地告诉他"不要打碎""会扎到手"有用得多。

我有一个犹太朋友，是一位资深的教育专家。我向他求教教育孩子的秘方是什么？他说：尽早让孩子自己做选择，哪怕他还小，哪怕他做的选择是错的。关键是，孩子做了选择后，要让他自己负责，学会承担相应的结果，这样才能形成闭环。

一个个不起眼的选择，比如周末去哪儿玩，晚上吃什么，看什么课外书，都是在锻炼孩子独立思考和行动的能力。在这个过程中，孩子也更容易显露出自己的天赋，发现自己热爱的事物。如此一来，产生兴趣、主动学习、持续成长，都变成了水到渠成的事情。

思维误区 父母要让孩子在成长中尽量少犯错。
重新定义 孩子犯错是一个很好的教育机会。

从孩子很小的时候起，我们就要让他练习自己做决定，比如，今天穿什么衣服去幼儿园，今天晚上听什么故事，周末去哪里玩，等等。并且一定要记住，自主＝责任，在他犯错之后，一定要让他自己承担责任，而不能逃避或者当作什么都没有发生。

有效的教育就是要让孩子学会为自己的行为负责，父母只需要给予支持就可以了。如果你希望孩子未来能够有能力掌控自己的人生，那么现在就要学会放手，给予孩子自主选择的机会。

本章小结：发现独一无二的自己

📖 小故事

猴子在哪儿？

有位幼儿园老师，带着孩子们玩过家家的游戏。小朋友们要扮演一个自己最喜欢的小动物。"你自己是什么角色？小猫、小狗，还是小兔子？"老师让孩子们选一个。这时，一个小男孩问："有猴子吗？"老师回答，没有。这个孩子说："有啊，我就是猴子，我是孙悟空！"

我从罗伯特·弗格汉姆那里看到这个故事，只是将美人鱼换成了猴子。这个简单故事的动人之处是，它提出了一个深刻但又被漠视的问题：那些与众不同、不适合常规定位、不适合传统类别的人的位置又在哪儿？接下来，罗伯特·弗格汉姆写下了让我铭诸肺腑的一句话："如果你能回答那个问题，那么你就能以此办一所学校……"回想我们自己的童年，你会发现，做一个与众不同的人，真的很不容易。然而，这不正是教育的本质吗？可是，孔子说了几千年的因材施教，做起来并不容易。

如何让孩子发现独一无二的自己？以下有三个教育宝箱，请收下。

第一个宝箱：童年是人类的伟大发明

在非洲大陆上，小角马出生 3 分钟后即能站立，15 分钟后能奔跑，仅一天的工夫就能跟上迁徙队伍的节奏。比起来，人类的婴儿要"弱"多了。人类有漫长的童年，起初连爬都不会，吃喝拉撒全要大人管，比起角马来说"弱爆了"。然而，这正是人类厉害的地方。

比起小角马，人类的婴儿很脆弱，起初啥都不会，但却拥有惊人的学习能力。高普尼克认为，"婴儿的心智与关心他的人的心智是同心协力运作的，这是人类已知宇宙中最灵活、最强大的学习工具"。

可是，太多父母放弃了这种"伟大发明"，太着急让孩子赢在起跑线上。我们用一个孩子早晚都能够学会的东西，去剥夺他这辈子再也无法找回的想象力。我们用一个孩子不擅长的东西，去卡住他最擅长的东西，就像拔掉鲜花，灌溉杂草。总之，为孩子早晚都能会的那点儿小知识着急挺没必要的。每个孩子都是大器晚成的，关键在于，是父母和孩子一起协同努力，实现人类儿童那神奇的学习能力。

第二个宝箱：运用"自我决定理论"

"自我决定理论"是指：如果你做一件事是出于"自主动机"，即为了自己的兴趣、意义和价值观，那你会感到更幸福、更有创造力，并且更容易成功；而如果你做一件事是出于"受控动机"，即为了外在的物质、赏罚或他人的期望，那么你即使看上去很努力，但成功的概率也要低一些。

这是股神巴菲特从他的父亲那里学到的最重要的东西，他称之为"内部计分卡"。很多家长也喜欢对孩子说："你是为自己而学。"可是，当孩子听到这句话时，会觉得"我为自己而学的目的是让父母开心"。你看，掉进死循环了。

第三个宝箱：比较是万恶之源

扼杀孩子兴趣的最快方法，是总拿他和"别人家的孩子"比较。这么做，其实是掉入了比较的陷阱。单一维度的竞争，不会有真正的赢家。教育更是如此。就像《星际穿越》里说的，买条裤子还需要两个数字，为什么一个孩子的未来可以用一个数字决定？人生有太多维度，孩子有太多可能，简单粗暴的比较，是对未来的伤害。

成年人也别拿自己和别人父母比较，这样做不快乐。决策理论里有一个"满意原则"。你要为自己设置一条满意线，超过了就是意外惊喜。否则"好"永远没头，就像人们对财富的无尽追求。俗话说：财富如海水，越喝越渴。

小练习

召开一次家庭周例会

请所有家庭成员一起,每周日晚上召开一次计划会。会议设置好流程,大家轮流做主持人。步骤如下:

1. 设立未来一周的个人目标(父母和孩子都参与设立);
2. 各自陈述上一周的目标完成状况,互相检查(这一步骤父母和孩子依然是平等的);
3. 共同计划下一周大家可以一起参与的事情,例如出去吃饭,或者去某个地方玩。

请注意,在家庭周例会上,没有领导,是去中心化的。

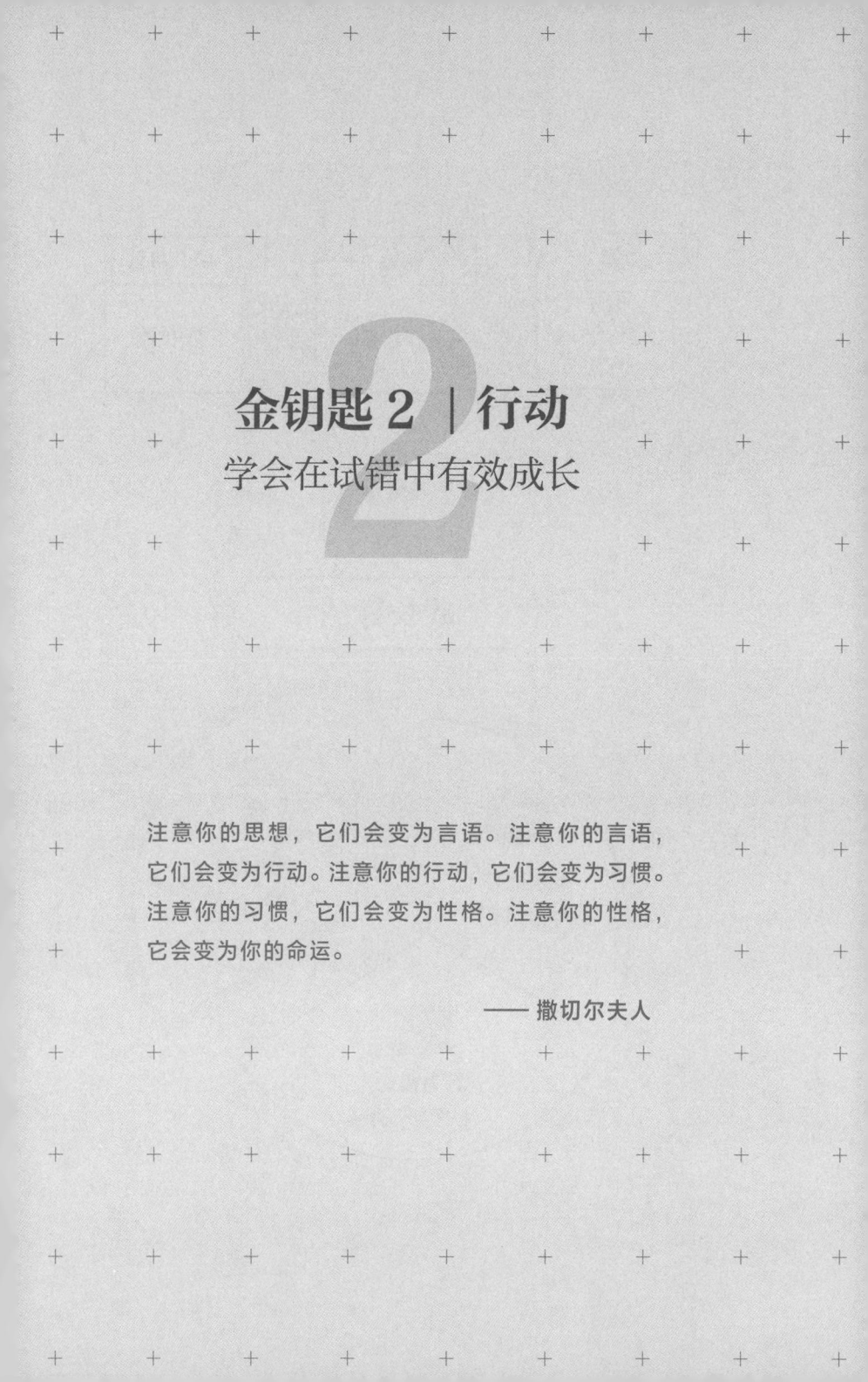

金钥匙 2 | 行动
学会在试错中有效成长

注意你的思想,它们会变为言语。注意你的言语,它们会变为行动。注意你的行动,它们会变为习惯。注意你的习惯,它们会变为性格。注意你的性格,它会变为你的命运。

—— 撒切尔夫人

难题	钥匙	家长角色
孩子没有学习方法	行动	助推者

成长算法

- **底层能力** 大胆试错
- **思维方式** 成长思维
- **行为模式** 持续行动

作为父母，我们有一个根深蒂固的观念：学习是要在学校、课堂、书桌前进行的事；学习要博闻强记；只要学习，就意味着好好写作业，记好笔记。

可是，现在的孩子和父母，却在学习这件事上出现了很多矛盾。我的一位朋友曾跟我抱怨过她的苦恼：

女儿正在读小学五年级。据老师反映，孩子平时听课和回答问题都不错，但她发现，女儿只要一回家写作业就偷懒。作业本倒是打开了，削个铅笔要20分钟，削得又整齐又尖；好容易铅笔削完了，总该写作业吧，可半小时后，发现女儿把铅笔另一头也削得又整齐又尖，而作业本上的字加起来也不超过10个。

我相信很多父母都有过这样的"遭遇",孩子写作业能偷懒就偷懒,能少写一个字,就决不多写一个字。父母批评、劝说的法子都用了,可孩子根本不吃这套,依然我行我素。

为什么会这样呢?因为孩子缺乏行动力。我们一直认为只要把孩子送去一个好学校,就万事大吉了,这是一个巨大的错觉。陈春花说:"在与年轻人朝夕相处的过程中,在长期教学的过程中,我确实有一种非常痛的感觉,就是很多学生不太喜欢行动,而比较喜欢去设想和梦想,甚至幻想。我以前开过玩笑说,现在的年轻人比较喜欢在白天做梦,然后晚上睡不着觉。"

大多数人走出学校毕业之后,就不再学习和成长了,人生的高峰停留在了学校里。孩子的人生都潜藏着无限可能,像是一个不断登上梦想山峰的旅程,但是,再美好的愿景,如果不付诸实践,也只能是虚无缥缈的梦。只有在真实世界里,走入现实的社会中,去实践和发展,才能实现自我、实现人生价值。

如果一个孩子的行动力,要到大学毕业后再去训练,就为时已晚了。实际上,孩子行动力差有多种原因。比如,可能是对某件事没有兴趣或能力不够,可能是担心自己做不好被父母责备,索性逃避拖延,或者干脆就不去做这件事,等等。

如何改变孩子这种状态呢？我认为最有效的方法就是让孩子这辆"车"早点在真实的世界里跑起来。从底层能力、思维方式和行为模式这三个方面，我总结出三个关键词：

1. 大胆试错：让孩子在安全的童年，模拟真实的人生。
2. 成长思维：帮孩子养成成长型思维，让孩子受益终生。
3. 持续行动：进入"行动飞轮"，带来有效成长。

大胆试错：
让孩子在安全的童年，模拟真实的人生

父母在面对教育难题的时候，有没有更深一步地思考：为什么我的孩子总是停在原地，什么都做不好，还抗拒改变？

曾经有一位母亲去请教心理学家，为什么自己细心呵护长大的孩子，如今20多岁了却性格孤僻、软弱无能，对什么都提不起劲儿，什么都做不好呢？

专家问："孩子第一次系鞋带，系不好总打死结，你是不是从此不再买系鞋带的鞋子？"

母亲疑惑地点点头。

专家问:"孩子第一次进厨房洗碗,弄得满身都是水,你是不是从此不再让孩子进厨房了?"

母亲迟疑地点点头。

专家又问:"孩子第一次叠被子,叠得东倒西歪,你是不是帮他叠得好好的,再也不让他叠了?"

母亲惊愕地点点头。

专家又说:"大学毕业后,你是不是又替他安排好了工作和前程?"

母亲更震惊了,连连点头。

最后,专家说:"现在孩子是不是工作没业绩,和同事处不好,和你们的关系也不佳?"

母亲一下子哭了出来,又点了点头。

专家严肃地说:"你们把所有的事情都替他做好了,他当然就不会再做所有的事情了!"

在中国,追着七八岁的孩子喂饭的老人比比皆是。作为家长,总担心孩子吃不饱或把饭撒得到处都是。

我们在读书的时候,被教育最多的就是如何少犯错或不犯错。我们成为父母之后,太害怕孩子犯错误、踩坑,不自觉地会为他们做"安全隔离"和"替代保护",让我们的孩子"成功"地失去了犯错的机会。

事实上,孩子在生活中看似"捣乱"的行为,真的都是麻烦吗?确实有很多父母不知道,孩子从笨拙地抓蔬菜、抓水果,到轻松地捏起泡芙放进嘴巴;从拿着勺子乱捣,米饭满天飞,到熟练地把饭舀起来送进嘴里……这都是手、眼协调能力和手部精细动作不断发展的过程。"乱来"其实是孩子学习、探索和建立自信心的过程。这背后也蕴含着成长的客观规律。

每个孩子在成长过程中,都必然经历一段精神的无序期,然后他们的心理活动才会逐渐由混乱走向有序。无数次的犯错等于无数次的摸索,这正是孩子的生理和心理成熟所必不可少的。

当然,作为理性的大人,也不能对孩子的错误听之任之,被动等孩子长大。大人更重要的做法是让孩子聪明地犯错,而不是随机乱撞。而孩子在成长过程中,就有这样一套在犯错中不断发展的系统:学习走路,摔倒,然后站起来,继续走,然后会走了。

遗憾的是,我们这一代父母接受的是传统教育,思维方式也被各种各样的标准答案所左右，这对孩子的学习管理产生了坏的影响。因此，一旦孩子出现一些不可控的行为，家人马上站出来大声阻止："这个不能碰！""那个不能摸！""这个东西不可以往嘴里放，不卫生！""那个玩具不能那样玩，会弄坏！"……这无疑给正在全身心地探索和感知世界的孩子设置了障碍。

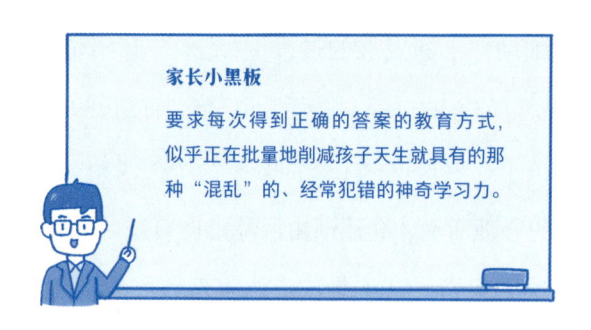

> **家长小黑板**
> 要求每次得到正确的答案的教育方式，似乎正在批量地削减孩子天生就具有的那种"混乱"的、经常犯错的神奇学习力。

在父母"不许犯错"的明示和暗示下，孩子一点点变得畏首畏尾，什么都不敢尝试了；即使想尝试，一想到可能被父母阻止，也就没有行动的兴趣了。这个过程，最终损害的是孩子对事物的兴趣和探索新知识的动力，错失提升学习能力的好机会。

孩子的成长需要亲身体验，你剥夺了孩子试错的机会，让孩子在一个"安全"的区域内成长，就等于扼杀了孩子的生命力。天才数学家谷山的搭档志村就曾说："他（谷山）天生就有一种犯许多错误，尤其是朝正确方向犯错误的特殊本领。有时候，我对孩子的犯错行为，是真有点妒忌的，徒劳地想模仿他的错误，结果发现，要犯一个'好的错误'并不容易。"

在今天，最厉害的人和最优秀的公司，他们最擅长的是：聪明地犯错误。

我很喜欢一本书，叫作《斯坦福大学人生设计课》①，里面的核心理论与"精益创业"理论同出一门：形成原型，大胆测试，获得反馈，迅速修正，不断鼓励自己实现人生设计和职场设计，从而改变命运。

图 2-1 《斯坦福大学人生设计课》的核心理论

---

① 该书简体中文版已于 2017 年 12 月由中信出版集团出版。——编者注

人类的童年本来就是个伟大的发明，越是在一无所知的年纪，试错的成本越低。所以，父母应该允许孩子有做不好、做不对的时候，尤其在孩子第一次犯错时，要接受孩子犯错的行为，鼓励孩子自己学着改正，这是一个人自我完善的过程。

思维误区 父母要防止孩子犯错。

重新定义 接受孩子犯的错，鼓励孩子自己去修正错误，让孩子不失去从错误中学习的机会。

鼓励孩子尝试和犯错，要从哪里开始呢？
就从鼓励孩子第一次行动开始。

奥斯卡最佳动画短片《鹬》虽然只有短短的6分钟，也没有一句独白和对白，却讲述了一个既有趣又令人深思的故事。

鹬妈妈带着小鹬在海边觅食，忽然，鹬妈妈看到海滩的不远处有食物，但它没有直接过去把食物衔起来喂给小鹬，而是把小鹬推到海边，让它自己去找食物。

小鹬被突然袭来的海浪拍打到一边，非常恐惧，慌忙躲回小窝,害怕得不知所措。但后来在鹬妈妈的鼓励下,小鹬还是小心翼翼地来到海边,结果不但找到了食物,还看到了不一样的风景。

孩子的成长像小鹬一样,也在不断尝试新事物,不断战胜恐惧和挑战未知。只有在真正迈出第一步,勇敢地试错后,他们才发现自己不断成长、不断强大。更重要的是,他们在勇敢试错后,因为获得了具体的经验和心理锻炼,变得更自信、勇敢,更有勇气去探索和发现更大的世界。这样的试错过程属于有效的试错,让孩子去犯这样的错,也是值得的。

回到生活当中,我们怎样做,才能保证孩子的试错是有效的呢?简单来说,我们父母怎么识别哪些错误是有价值的呢?

我举个简单的例子,你就明白了。我们在考试时,试卷上都会有选择题,题目中一般有4个选项,如果你没有把握哪个是对的,就用排除法。先选一个来测试,如果它不对,那就排除掉,继续选下一个来测试……如果连续测试三个都是错的,那么剩下的一个就是正确的。这就是有效试错法,也叫排除法。

针对孩子,我们也可以采取这种"大胆试错法"。当然,我要讲的试错法，肯定要比做选择题的排除法复杂得多，也强大得多。我把它一共分为4个环节：

问题开始　提出假设　动手验证　继续探索

图 2-2　孩子大胆试错四步法

第一个环节，从识别问题开始。

孩子所体验到的任何一次失败或成功，都是从一个个具体的问题开始的。所以，我们可以先从孩子遇到的不了解或解决不了的问题开始分析。比如，孩子在外面捡到一枝被人摘下的小花，看到它很漂亮，就想把它拿回家栽到花盆里，希望它继续开放生长。这时，我们明知道这枝花不可能活下来，也不要直接反驳孩子，而是鼓励他说："那我们就拿回家试试吧。"孩子可能从这件事中就懂得了植物的生长规律，或者从此喜欢上了博物科学。就是这样，多问孩子一些启发性问题，引导孩子去做深入的思考。

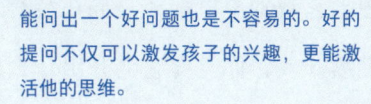

> **家长小黑板**
>
> 能问出一个好问题也是不容易的。好的提问不仅可以激发孩子的兴趣,更能激活他的思维。

当孩子犯错后,我们要把惩罚孩子的单一方式转换成教导孩子面对错误,并且尝试着去问孩子一些启发性问题,比如:"如果不这样做,你认为更好的方法是什么?""你有没有更合适的方法来解决这个问题,并且不会伤害到别人?"……

这种启发式的提问,不仅可以锻炼和引导孩子积极思考,还能让孩子参与到错误的纠正和问题的解决当中。这个过程中,父母既留给孩子思索的时间,也默许了孩子大胆地说出自己的观点和想法。在思考和辩论中,孩子能找到自己犯错的根本原因。

当孩子在一系列启发性问题的引导下,说出自己的答案或纠正了自己的错误后,他的内心同时有了获取知识和受到尊重的两种快乐。这样的教育过程价值大不大,父母一目了然。

第二个环节,提出设想。

针对问题,我们鼓励孩子提出各种大胆设想。

仍然以上面的故事为例,孩子把花拿回家后,我们可以问孩子:"你是想把它栽到土里,还是插在装有水的花瓶中?""如果它真的能继续开放,你觉得它会开出什么样的花?""你认为它会不会死掉?""如果它死掉了,你觉得是什么原因?"……通过提出问题,引发孩子思考。

"假如……会怎么样?"学会这个不断深入的问问题句式,引发孩子进行行为推演,是父母必须要掌握的特别关键的语言技巧。

第三个环节,进行验证。

针对提出的各种猜测和假设,我们在和孩子讨论之后,便配合孩子通过实践进行检验。让孩子通过自己的双手去进行验证。

比如,上面的案例中,在和孩子讨论完后,孩子肯定会产生一些自己的观点和想法,这时即使我们明知道是错的,也不要反驳孩子,而是积极配合他把花栽好,等待检验的结果。

第四个环节,继续探索。

结果出来后,孩子可能发现自己原本的想法是错误的,这时孩子就会很自然地产生新的问题,促使他进一步去探索和实践。

比如，在上面的案例中，小花过几天后可能就枯萎了。这时孩子会感觉很不解："花盆里的花都能生长，为什么这枝花就不行呢？""花要怎样才能生长？""是不是我种错地方了？插在水里是不是就能活了？"这些问题都能够激发孩子强烈的好奇心，推着他继续去探索和行动。

当孩子自己动手不断尝试和实践，甚至不断碰壁后，才能从这些尝试或挫折中得到经验，获得成长。有了这样的第一次行动，孩子以后再遇到问题时，也会首先想到自己动手探索和寻找答案。

试错思维认为真理是相对的，不可能有绝对把握，只能通过不断尝试、不断实践，才有可能不断接近真相。这是一种演化视角，其出发点是承认人的理性的局限性，但又强调合理利用人的有限的理性。在培养孩子的过程中，善用试错的方式，小幅迭代，让孩子通过犯错和修正错误的过程不断积累经验与教训，这样才能让孩子的能力在实践中不断提高。

因此，我们要接纳孩子会犯错这个事实，允许孩子慢下来，允许孩子无知，即便是真的错误和无知，也可以很好地滋养孩子的心，激发他内在的智慧，给予他更加广阔的成长空间。

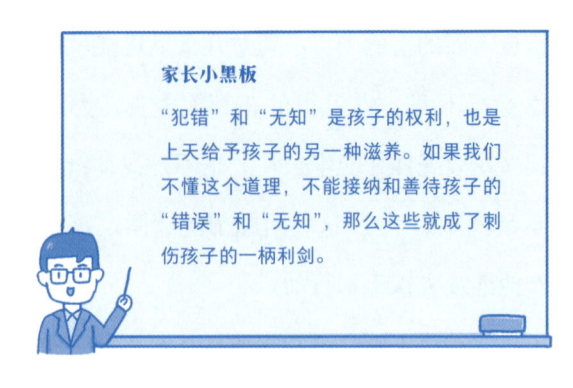

> **家长小黑板**
>
> "犯错"和"无知"是孩子的权利,也是上天给予孩子的另一种滋养。如果我们不懂这个道理,不能接纳和善待孩子的"错误"和"无知",那么这些就成了刺伤孩子的一柄利剑。

大胆试错,关键不在于孩子犯错,而在于父母对孩子错误的处理。那么,接下来就考验父母的智商了:孩子犯错后,父母要怎么处理更合适、更科学?

我在这里讲三个原则:

在孩子犯错后,不要急于纠正,也不要急于寻找标准答案。当然,我们也不能放任自流,不理不睬,而是遵循下面三个原则:

第一个原则:不重要的错误,鼓励孩子自己修正。

如果不是原则性的错误,不会因此影响到孩子的安全、品行,不妨碍他人,我们可以先按捺不动,给孩子一个体验自然后果、自己发现错误并修正错误的机会。因为这个过程本身就包含了观察、思考、总结、尝试改变、再观察、再思考、再总结的过程，对于孩子来说是一个很好的学习过程。

第二个原则：注意保护孩子的自尊。

在孩子犯错后，有些父母会立刻批评、纠正孩子，丝毫不顾及场合是否合适，这样很容易对孩子的自尊心造成伤害，导致孩子出现性格缺陷。从教育的结果出发，如果这时我们能换成温和坚定的沟通方式，多倾听和理解孩子，与孩子共情，启发孩子自己思考，往往比纠正、威胁和命令的效果更好。

第三个原则：鼓励孩子合理归因，从错误中寻找新的行动方向。

给孩子时间去努力解决问题，比明确告诉孩子如何解决问题，能更好地帮助孩子学到知识。这就是所谓"有价值的失

孩子可以犯错

孩子可以缓慢和无知

图 2-3　父母面对孩子犯错时给自己的提示

败"。失败可以驱使孩子去思考问题的本质，寻找错误的原因。这样做的价值远远高于只给出正确答案。

在教育孩子的过程中，我们要引导他们学会归因，不因一时的错误和失败就放弃努力。比如，孩子考试没考好，感觉到沮丧，打击了信心，失去学习动力。这时我们要跟孩子一起分析总结，引导他们找到没考好的原因，如没吃透课本内容、复习不系统等。让孩子意识到，只要自己注意纠正这些行为，多加努力，一定可以取得进步。

成长思维：
帮孩子养成成长型思维，让孩子受益终生

斯坦福大学的行为心理学教授卡罗尔·德韦克是人格心理学、社会心理学和发展心理学领域公认的杰出学者。她曾经对20多所学校里的400名学生做了一个长期研究，目的是验证针对孩子的一个行为进行不同形式的回应，会如何影响孩子今后的人生走向。

这个研究方法是为孩子们做智商测试。

第一轮的测试很简单，几乎所有的孩子都能够做出来。这时，研究人员把做完测试的孩子随机分为两组。对其中一组孩子，研究人员夸奖他们的智商："你在拼图方面很有天分""你很聪明"；对另外一组孩子，研究人员会夸奖他们的努力，比如"你刚才非常努力，所以表现得很出色"。夸孩子的智商高、聪明，相当于给孩子种下了固定型思维的种子；而夸孩子的态度，说孩子很努力，就相当于给孩子种下了成长型思维的种子。

接下来，孩子们参加第二轮的拼图测试。惊人的结果出现了：被夸努力的孩子，90%都选择了难度更大的任务，而那些被夸聪明的孩子，大部分都选择了简单的任务。

孩子思维模式的拐点就在这一刻出现了。为什么会这样？

那些被夸聪明的孩子，他们特别担心稍微难一些的测试会证明自己不够聪明，于是会选择简单的任务——陷入了一种固定型思维模式。相反，被夸努力的孩子，他们得到的反馈是，只有付出努力才能获得成功，所以他们也更愿意去挑战难题——形成了成长型思维模式。

这时，研究人员又进行了第三轮测试。

这一轮测试题目有点难，孩子们的反应却截然不同：之前被夸努力的孩子认为，失败是因为他们不够努力，也就是说，他们认为只要自己更努力，就有可能解答出来。而之前被夸聪明的孩子则认为，失败是因为他们不够聪明，所以，他们认为失败是无法改变的。

接下来的实验还表明：被夸努力的孩子在测试中分数提升得更快；相反，那些被夸聪明的孩子成绩反而退步了。那些被夸努力的孩子在测试中非常投入，并且努力用各种方法来解决难题；那些被夸聪明的孩子在测试中一直很紧张，抓耳挠腮，而且容易沮丧。

家长小黑板

思维决定命运。

可以说，拥有成长型思维的孩子，即使遇到挑战，也会认为自己一定能克服困难，因此能力越来越强，最终走向成功；而那些拥有固定型思维的孩子，遇到挑战就会束手无策，认为自己能力不够或者运气不好，最终变得平庸。

　　这个实验的结果让我们大为震惊，我们的语言和态度，竟然会对他们的一生产生如此大的影响。因此当我们开始重新审视自己的语言和行为，也许可以让孩子形成成长思维。你可能觉得这个道理听起来很鸡汤，事实上这个测试和理论在学术界被高度认可，并且还有大量的实例验证。

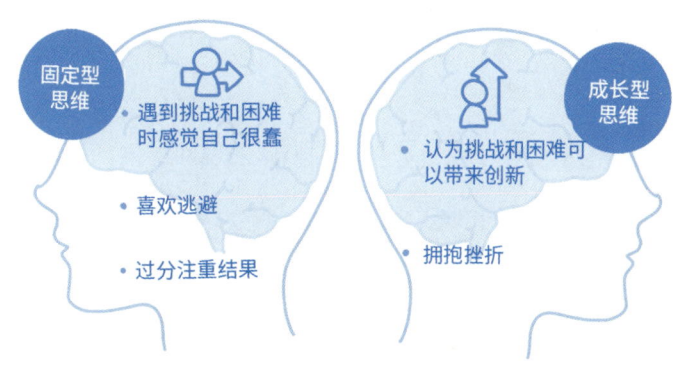

图 2-4　固定型思维和成长型思维的不同

　　夸奖孩子是很简单的事吗？

　　当然不是。因为夸奖是很讲究技巧的。很多父母看到孩子进步了，立刻就对孩子说："哇，这次考 100 分呀，你真厉害！""这道题这么快就解出来啦，你真聪明呀！"这容易让孩子形成固定型思维：考 100 分很好，解题快很好，聪明很好，厉害很好。

一旦孩子形成了固定型思维模式，他们就会过于注重结果，认为努力和困难会让自己显得很蠢，所以遇到困难容易选择逃避。而如果反过来，你夸奖孩子：你的这个解题思路与常规的方法不同，你深度思考了；你的字写得漂亮整齐，非常好；你的反应速度很快，这很了不起。那么孩子自然而然就会注意学习中的细节和方法要点。

思维误区 夸孩子就是夸孩子的整体表现和结果。

重新定义 夸孩子时要夸得具体，要夸孩子在思考和特定领域的细节表现。

不过，大多数孩子的固定型思维是可以通过环境改变的。如何帮孩子养成成长型思维，我推荐父母在和孩子讲话时，要坚持三个原则：

第一个原则：不要用定性类语言表扬孩子。

很多父母总想不通一件事：为什么孩子在打游戏时，不论失败多少次都不气馁，即使失败无数次，也会斗志昂扬地重新开始；可一到现实中，尤其面对学习时，就变得特别容易放弃，完全没有游戏中的那种坚持？

思维研究者丽莎·布莱克威尔认为"在电子游戏中，得分是学生的驱动力。但是，当他们失败时，他们不会感到气馁。电子游戏包含技能、挑战与不断进步——没有永久失败的威胁或来自他人的负面评价"。

孩子在玩游戏时，会同时收到很多反馈，游戏设计中会把其中发生的每件事都设定成特定的音效，随时随地报告给玩家，让孩子知道自己在哪里又进步了。而父母在孩子学习过程中，可能很少会给孩子好的反馈，结果便导致孩子对学习渐渐失去了兴趣。这就是游戏和学习的区别。

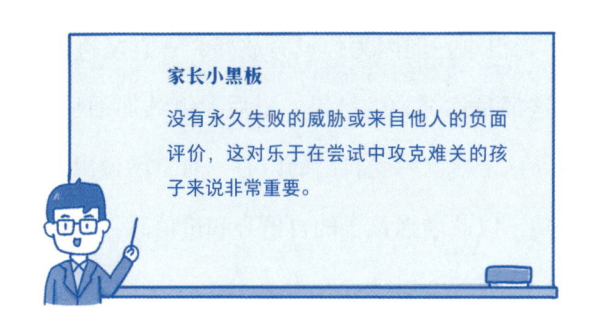

> **家长小黑板**
> 没有永久失败的威胁或来自他人的负面评价，这对乐于在尝试中攻克难关的孩子来说非常重要。

然而有些父母会说，我会给孩子正面反馈，我会表扬孩子

"真棒"；孩子解答出一道题后，马上夸奖孩子"真聪明""好厉害"。

其实我们可以分析下，这样的评价是明显的定性评价，非常容易给孩子种下固定型思维的种子，让孩子以为"聪明""厉害"是重要的，途径是次要的。如果自己没有很快解出题目，没有表现很好，那就是自己"不聪明""不厉害"。为了让自己永远显得"聪明"和"厉害"，孩子会不想"犯错误"，不能接受失败，甚至因为不敢尝试新东西而停留在原地。这样的固定型思维一旦形成，无疑对学习和成长是不利的。

反过来，我们要多去关注孩子的态度和行为表现，比如孩子付出的努力。在做一件事情时，孩子中途遇到困难，多次想要放弃，但最终还是坚持下来了，这时我们就可以对孩子说："你看，尽管很难，但因为你没有放弃，一直坚持，现在做得这么好，这都是你努力的结果，以后要继续加油哦！"作为父母，多引导孩子自己感受自己的内心，对自己做出评价，体会自己的成功，以此增强孩子的自信心和价值感，这样才更容易帮助孩子形成成长型思维。

第二个原则：表扬孩子，切忌让孩子成为成功学崇拜者。

很多时候，即使是对成年人，成功学也是一种有害的思维模式，因为它过于注重结果而轻视过程。

如果过分关注结果，经常用成功学去评价或要求孩子，就会导致孩子无法正视失败，更无法从失败中获取成长的经验。这会让孩子认为成功才是最重要的，只有成功才有价值，才能得到爱和尊重；万一失败了，就会抹杀自己所有的价值。这是很糟糕的。

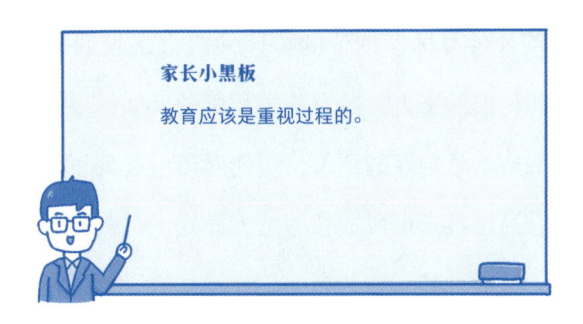

> **家长小黑板**
> 教育应该是重视过程的。

那么，父母要怎样做，才能防止孩子被"成功学"所困呢？

首先，对孩子只描述具体行为，而不强调结果。

我们经常在新闻中看到一些学习成绩非常优秀的孩子，却轻易地选择跳楼自杀。对于这样的孩子，大家只会说他们心理太脆弱，经不起挫折，却不知将成败作为人生唯一价值标准的思想才是罪魁祸首。所以，在夸奖、称赞孩子时，不要把结果当作重点来强调。

比如，可以对孩子说："我发现你今天写的这篇蟋蟀观察日记，把蟋蟀和之前观察到的螳螂做了对比，比较了它们的脚之间的不一样。我喜欢这种对比方式，很有意思！"或者"我喜欢你用不同的方法来解决这些问题""我从这份作业里看到你变得专注和认真了"。

经常用这种具体、细致的描述性语言来强调孩子做某件事的过程和付出的努力，给予孩子积极的反馈，要比直接强调事情的结果或给予定性的评价，更能对孩子起到正向激励的作用，也更容易帮孩子形成成长型思维模式。

其次，及时向孩子表达自己的情绪和感受。

经常和孩子互动，对增强孩子的行动力是一种非常有效的方法。比如，在看到孩子做某件事很认真时，就对孩子说："你的专注真让我高兴！"在孩子获得好的成绩时，就高兴地对孩子说："妈妈真为你开心！"

当然，很多父母可能把握不好夸奖的尺度，那么下面这个小测验，就可以测试一下你平时的夸奖技能：

父母教育方法自测表 1

你平时这样做吗？	经常	有时	几乎不
1.孩子取得进步或做得很棒时，我会及时表扬	3	2	1
2.夸孩子时用"你真棒、你真聪明、真厉害"等语句	1	2	3
3.用物质奖励孩子要努力或者继续努力	1	2	3
4.更多赞扬孩子在某件事情上所花的时间、精力，以及优秀方法	3	2	1
5.夸孩子时，会拿他和其他孩子做比较	1	2	3
6.只要孩子在做事过程中有收获，即使失败也会给予表扬	1	2	3
7.对孩子严格，不是事事表扬	1	2	3
8.夸奖孩子取得的成绩，也会引导他总结哪方面还可以做得更好	3	2	1

父母教育方法自测表 2

计分方式：将所有选项的分数进行累加

☺ 19~24	😐 13~18	😖 8~12
赞赏技能 非常棒 你擅长培养孩子的思维，激发孩子的内在动力	赞赏技能 中等 夸奖孩子时，要多注重孩子付出的努力及收获。 只要他比之前有进步，就值得肯定	赞赏技能 很一般，还有很大提升空间 孩子的行为需要家长的关注，更需要家长的陪伴，一起挑战，一起成长，找到前进的内在动力

金钥匙 2
行动——学会在试错中有效成长

第三个原则：表扬孩子要及时。

在表扬孩子时，除了要培养孩子成长型思维，还要注意表扬的时间。就是看到孩子有良好表现时，要第一时间给予他积极的反馈。

不少父母觉得早赞美晚赞美都一样，表扬孩子非常随意，想起来就称赞一下，想不起来就算了。这种做法起不到连续的鼓励作用，也无法让孩子在领会大人的鼓励时，纠正自己的行为。因此，当你觉得需要给孩子正面反馈时，就应在最令人满意的结果出现后，马上给予孩子奖励或表扬。

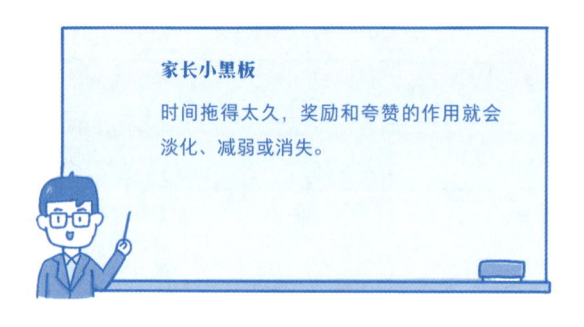

家长小黑板
时间拖得太久，奖励和夸赞的作用就会淡化、减弱或消失。

之所以有这样的结果，是因为孩子的心智不够成熟，对"等待"也容易不耐烦。在他们心里，事情的因果关系是紧密联系在一起的。拖的时间长了，孩子就弄不清自己为什么被父母表扬或赞美，反馈也就起不到强化良好行为的作用了。孩子年龄越小，这个情况就越明显。

为了避免表扬被遗忘，我建议父母可以在家里设置一个"高效夸奖魔法卡"，放在孩子最容易看到的地方。当孩子有值得表扬或赞美的行为时，就及时写在上面，让孩子随时都能看到自己的进步，驱动孩子成长型思维的形成。

父母教育小卡片

	高效夸奖魔法卡	
第一步	陈述孩子的具体进步	1
		2
		3
第二步	表扬孩子所做的具体努力	1
		2
		3
第三步	表达自己的感受	1
		2
		3

持续行动：
进入"行动飞轮"，带来有效成长

早在我做企业管理实践的相关研究时，就曾对一种现象感到不可思议，就是很多企业内部不断得到提升的人并不是最聪明的，也不是最有能力的，而是最不计较、付诸行动的人。

后来我慢慢明白了，成功的人，可能各有各的优点，但他们往往都有一个共同的优点，就是行动力特别强。只要他们想做，就会马上去做，根本不给自己一点拖拉、磨蹭的时间。更重要的是，行动力强的人愿意不厌其烦地重复做一些事，直到最终改变自己的现状。说一个我同学的故事。

2016年，我遇到还在北大读大二计算机专业的L同学。在计算机学院众多优秀的学生里，他的成绩差并不是很出众，他准备出国留学，并且想跳过本科和硕士直接申读博士。在清北众多的留学"申博"大军里，想要直接申读博士，且入读世界顶级名校，绩点再怎么也不能低于年级前15%。所以，这个同学对成绩有一点沮丧。

后来，他得知申请博士除了绩点很重要，科研背景也起着关键作用。在得知消息的当天，他就立即联系导师，申请进实验室尝试做科研。他的动手能力非常强，一有新想法，就立刻动手实践，失败了也不介意，而是继续调整，继续实践。与其他同学相比，虽然他的绩点优势并不明显，但他却凭借出色的科研经历，当年直接从本科顺利入读美国普林斯顿大学的移动计算博士学位。

这个同学身上有一点是我最欣赏的，就是不管结果如何，看到问题，就快速行动，在行动中解决问题。而不是先做一个全面的计划，然后局限于追求计划的完美上，而迟迟不行动。

与其一直思考怎么办，不如直接付诸行动：将令人烦恼的大问题重构成一个个可行的小问题，再用行动来解决这些容易处理的小问题，最终也就解决了大问题。我相信很多人在每年的年初都会有很多计划，比如今年我要赚多少钱、我要看多少本书、我要升到什么职位等等。但最终你会发现，"知道"与"做到"之间永远都有一条鸿沟。

去年我在网上看到一个泰国广告短片，叫《豆芽引发的梦想》，讲的是一个贫民窟女孩和妈妈一起尝试种豆芽"求知"的故事。

短片中的妈妈是个只有四年级文化水平的人,平时经常到市场买菜。有一天,女孩跟妈妈一起去买菜,看到隔壁摊位卖豆芽的生意十分火爆,就问妈妈:"为什么那里有那么多人买呢?"

妈妈说:"因为卖豆芽的摊位只有一个呀!"

女孩继续问妈妈:"那为什么我们不能自己种豆芽呢?"

妈妈听了女孩的话,望着女孩的眼睛说:"我们可以试试哦!"

于是母女俩回到家,找到各种生豆芽所需的工具,开始兴致勃勃地生豆芽。第一次失败了,妈妈说:"没事儿,我们再试一次。"她们还专门找来种菜的书,虽然妈妈读书不多,也不知道怎么才能种好豆芽,但她依旧鼓励女孩勇敢尝试。

妈妈的支持就像是神奇的养料一样,滋养了小女孩的好奇之心,也激励着女孩不断探索。终于,她们成功地种出了豆芽。

这个女孩的原型就是泰国的 Netnapa Saelee 博士,她现在已经成为一名优秀的科学家了。

就是这个从"为什么"到"怎么办"的过程,形成了一个行动闭环,拉开了大多数人之间的差距。这也是成功者之间共同的秘密。

如果我们把这个行动闭环进行系统归纳的话,可以把它归纳成为下面这个"W-H-W黄金圈",我们要带领孩子解决的问题就是:为什么(why)、如何做(how)以及做什么(what),也就是目的、方法和执行。而案例中的妈妈,就通过鼓励和引导,帮助孩子实现了这个行动闭环。

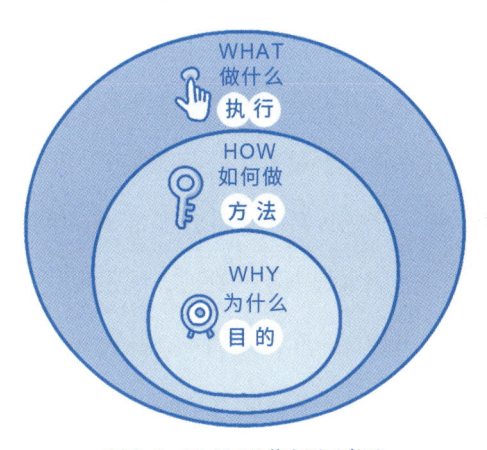

图 2-5　W-H-W 黄金圈示意图

中国有句俗话叫"知易行难",明明知道怎么做,要行动起来却很难。基本上来说,这个"行难"包含两方面的含义:一个是启动难,另一个是持续难。

图 2-6 孩子行动力的"两难"

以我自己为例,以前我没有读书的习惯。阅读一本书,对我来说就是个"重大事项",我要对这件事考虑很久:是去咖啡馆读,还是在家里读?是配上一杯咖啡读,还是放着一段音乐读?为了营造一个阅读环境,我还要准备好笔记本,做好一系列准备工作,才能拿起书本。这时,我发现一下午时间已经过去了。只是读书这样一个微小行动,执行起来就这么难,可见要开始做一件事多么不容易。

如何来实现轻松启动呢?大部分人不是没有梦想,而是没有步骤,或者梦想太大,走不过去。我建议用一套小攻略来解决:

让你的孩子启动"行动飞轮",可以从下面四个步骤开始:

第一步：明确的行动提示。

父母都希望孩子喜欢阅读。如果孩子不主动学习，就把理由总结为孩子不是读书的料。因为按照我们正常的逻辑，动机应该是大前提，没有强烈的动机，我们就很难付诸行动。但是反过来想，如果有了动机，就一定能带来结果吗？我们难道没有强烈的想要戒烟、戒酒或者赚钱的动机吗？

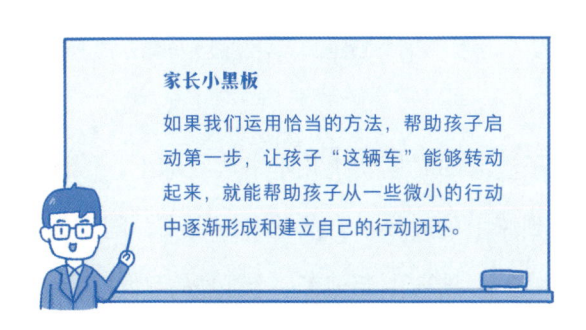

> **家长小黑板**
>
> 如果我们运用恰当的方法，帮助孩子启动第一步，让孩子"这辆车"能够转动起来，就能帮助孩子从一些微小的行动中逐渐形成和建立自己的行动闭环。

显然，仅仅有意愿，是做不到改变的。否则很多人也不会体重越来越大，钱袋子却越来越瘪。因此驱动我们的行为发生改变的，有一个最重要的前提，就是行动提示。改变发生前的那一刻，是怎么发生的？

如果你希望孩子养成阅读的习惯，那么就需要一个"让好行为引起注意"，以及"让坏行为远离自己"的最小提示。比

图 2-7 行动飞轮强调"轻松启动,持续行动"

如,在孩子洗澡的时候就挑几本书放在床上,等他洗完澡舒舒服服爬到床上的时候,自然就看到了书,随手就可以翻起来,洗澡—看书—睡觉,形成了一个强烈的习惯提示闭环。

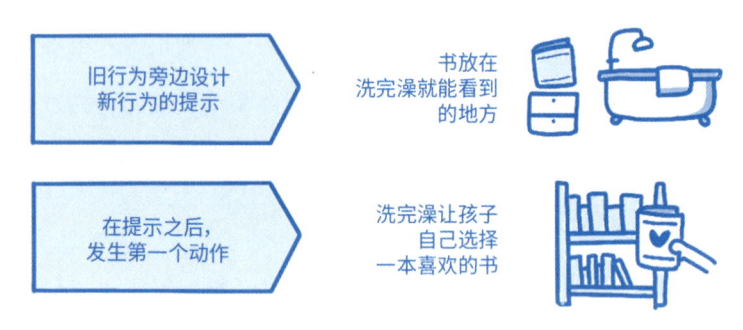

图 2-8 明确的行动提示有助于走出第一步

第二步：迈出第一步。

很多人喜欢一个漂亮的大而完美的开局，沉迷于过于庞大的梦想和目标，往往对自己的第一步要求过高，这是大部分人很难开始一件事情的根本原因。最难的不是梦想，最难的是启动第一步。俗话说，好的开始已经成功了一半。与其花很多时间给自己打气，苦口婆心地给孩子讲道理，不如用阻力最小的方式，让改变来得更轻松和直接一些。比如，你想让孩子养成锻炼身体的好习惯，先从帮他穿上一件舒服的运动衣开始。不用着急提高难度。

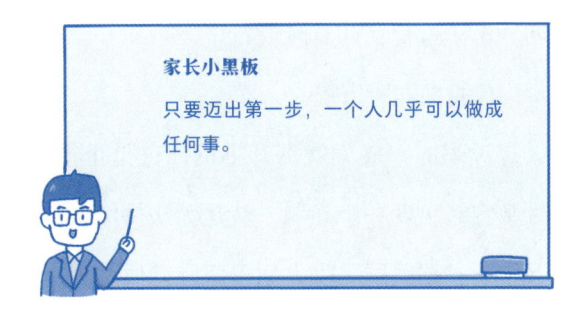

> **家长小黑板**
> 只要迈出第一步，一个人几乎可以做成任何事。

第三步：设定微小目标。

大部分的游戏中都蕴藏了各种小挑战和小目标，目标不会设计得太大或者不合理。小成功对孩子来说是十分必要的。

通过设置"游戏",可以帮助孩子形成简单的行动闭环,比如在孩子几个月大的时候,引导他按开关,按一下灯的开关,灯就亮了,再按一下,灯就灭了,这就是一次简单的行动闭环,一次伟大的学习。孩子未来的学习过程也是如此。

我们也可以利用好家里能用的各种工具,如贴纸、画笔、花草等,和孩子一起完成各种"伟大的作品"。这些充满快乐与创造的时刻,都是激发孩子的行动力、鼓励孩子创造新世界的过程。

当孩子发现,自己的努力可以兑现成一个具体变化时,他们就能体验到行动的价值,从而逐渐让自己的每个行动都能形成一个闭环。至于过程,认真玩就行了。

第四步:有成果立即庆祝。

有的人想读书时,立刻就翻开书读,这是个很好的习惯。不过,这时又容易出现一个问题,就是无法持续,打开书翻几页就看不下去了。据美国一家大型出版社调研发现:很多人购买新书后,70%的新书都未曾翻开过,更别提将毕生所购买的95%的书全部读完了。

很多父母抱怨孩子不爱学习,不能坚持。孩子对一件事的持续能力比大人更差,这主要源于孩子的专注力有限,感兴趣的事物太多，要专注、持久地做一件事，就需要他们克服很多外界事物的吸引和诱惑，难度可想而知。

这时候我们依然可以从游戏中获得一个厉害的武器：立即庆祝。

当孩子完成一个最小单元的目标时，用胜利的姿势为自己庆祝一下吧！一个甜蜜的吻，一个拥抱，一个大大的胜利的手势，一句称赞和赞美，都会让孩子产生积极的情绪；保持这种积极的情绪，可以刺激大脑分泌多巴胺；多巴胺可以帮孩子记住这个行为和美好的感受，进而还会期待这个时刻。

这是多么美好的一个行为闭环。持续这个循环，构建"行动的飞轮"，也就是最终养成好习惯。一旦形成了习惯，就很难被破除。

习惯的力量是撬动孩子人生复利的重要支点。一般复利效应是指，如果投资得当，金钱就可以倍增。习惯也是如此，它会随着你的不断重复而力量倍增。同样的动作或行为，重复一两天看不出什么效果，但坚持几个月、几年，你就会发现它们产生的巨大影响。

家长小黑板

家庭教育能发挥的重要作用,就是在孩子小的时候,养成关键的好习惯。

本章小结：拥有源源不断的行动力

> 📖 **小故事**

满地乱爬的孩子

我之前从事房地产业时，和以色列上市公司合作。我有一些以色列朋友，我发现中国人和犹太人有很多相似的地方，比如都非常聪明，非常勤劳，非常有忍耐力，中国人和犹太人特别容易处到一块。有一次我和犹太朋友一家吃饭，发现他们家三个小孩吃得一塌糊涂，吃完后在地上爬着玩儿，大人也不介意。

我经常在思考一件事：犹太人在教育上到底有什么秘诀？我认为排在前面的答案有两个：

1. 犹太人的教育场景无处不在。学校、家庭、社会，都是孩子们的课堂；
2. 犹太人像创业一样做教育。他们不惧混乱，在项目中学习，在学校演练人生。

如何让孩子拥有源源不断的行动力？以下有三个教育宝箱，请收下。

第一个宝箱：让孩子在走入社会之前"先活一遍"

李希贵先生说：学校是孩子走上社会之前的社会。

为什么要让孩子在走上社会之前，在学校里先活一遍？

对此，他有一段精彩的论述：

- 在学校这个地方，犯错没有风险。或者说犯错的成本很低。
- 学校给成长中的孩子划出安全边界，在边界里边什么都可以有：有成功、有失败、有挫折、有迷茫，所有未来在真实社会里一个人可能遇到的情况，最好都让他们在学校里先体验一遍。
- 有时候，孩子做错了，有可能发生冲突，但是没关系，学校要接受这种情况。
- 没有体验就不可能成长，在学校期间的体验是不分好坏的，每种体验都对一个人的成长有价值。
- 家长代替不了孩子的体验，无论你跟他们说什么，他永远，也只能自己重新来一遍。

所以，别害怕失败，别介意混乱。请记住，混乱有时候是天才的特征。

第二个宝箱：反脆弱比完美更重要

动画电影《青春变形记》讲述了一个 13 岁的女孩，事事都要争第一，连包个饺子都要力求"完美"的评价，每天活在"高要求"的氛围中，极力避免让母亲失望。

可是人生当中充满了不确定性，再优秀的孩子也会有起伏。如果一个人总是处在成功和完美的状态，遭遇失败了怎么办？他还会和不完美的自己相处吗？这种完美，其实非常脆弱。

第三个宝箱：运动不只是能让孩子更聪明

"头脑简单，四肢发达"，可能是我们对运动最深的误读。家长们喜欢搜寻各种让大脑更聪明的方法，不过绝大多数益智秘诀都没有科学依据，反倒是运动是真的可以健脑。据统计，某年全国高考的 63 名状元中，有 34 位喜欢体育运动。

人在运动中会产生多巴胺、血清素等物质，从而更专注、更有活力。运动磨炼人的意志，锻炼抗压能力，还能让孩子学会团队精神。新修订的义务教育课程方案，对体育非常重视。

让孩子多运动，也许比让孩子多做题更重要。

> 📝 **小练习**

一起去爬山吧

是时候全家出去玩了。这次的主题是"健康和能耗"。练习步骤如下:

1. 在计算机或手机上绘制出本次徒步的路线图,并计算出距离;
2. 利用测步仪测算全程行走的步数;
3. 估算本次活动个人消耗的卡路里,并计算对应的食物种类和数量。

运动结束后,记得让孩子睡个好觉。

金钥匙 3 | 博学
20 年后成为厉害的人

> 我讨厌人们混淆教育和智力。你可以拥有一个学士学位,但仍然是一个白痴。
>
> ——埃隆·马斯克

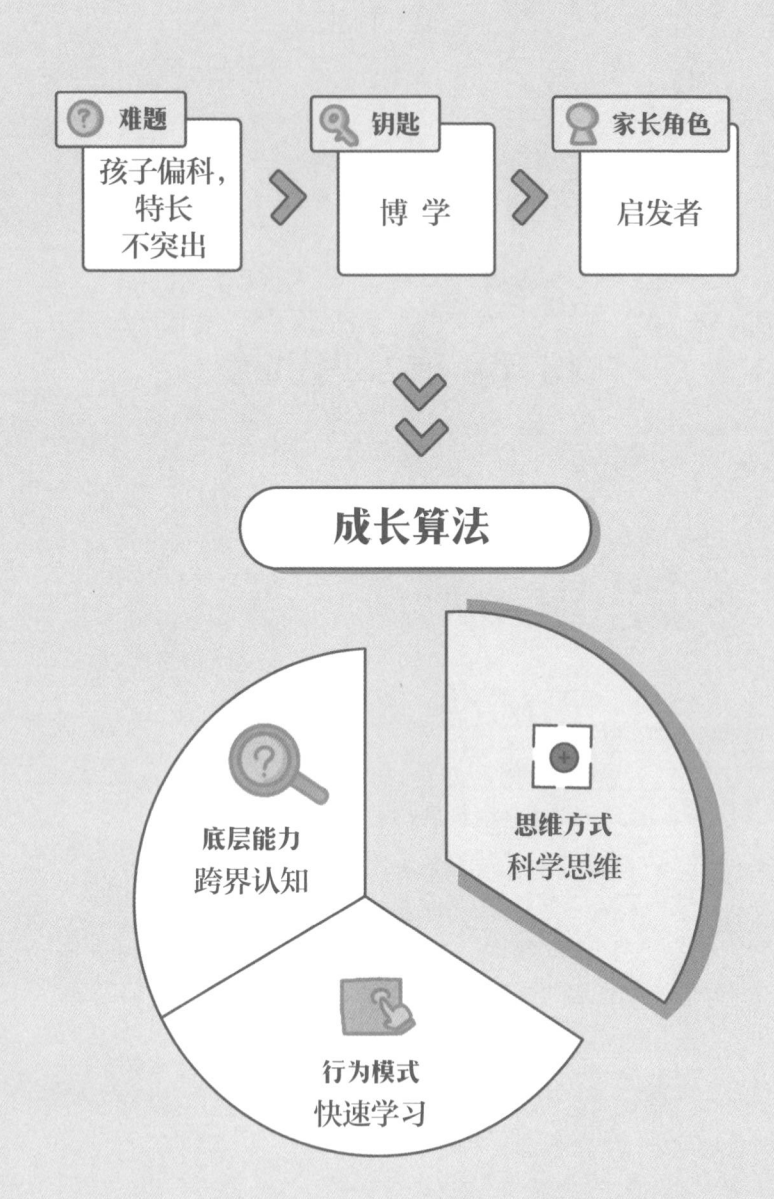

难题	钥匙	家长角色
孩子偏科，特长不突出	博 学	启发者

成长算法

- 底层能力 跨界认知
- 思维方式 科学思维
- 行为模式 快速学习

2020年，有两位高考文科状元引起了我的注意。一位是江苏省的高考文科状元，由于她高考的历史成绩是B+，在当时不符合国内顶级高校的录取要求，因而，虽然她的总分很高，却没能进入自己理想的学府。另一位是四川省的高考文科状元，她学的是文科，但数学却拿到了满分，其他科目也非常优秀，最终进入了自己理想的学府。

这两位"学霸"的不同结局让我感触颇深。大部分人都会拿"掌握多少知识""某学科的学霸"作为衡量人才的尺子，而忽略了人才最关键的学科均衡和综合运用各种知识的能力。

简单来说，知识的迭代速度越来越快。对孩子来说，具体的知识可以快速学习，但是认知能力和思考能力却非一日之功。

在孩子的学习过程中，不但要有自己擅长的学科，还要学会将擅长科目的学习模式复制到不太擅长科目的学习上，也就是我所说的跨学科学习能力。这不仅是孩子在求学期间必须具备的思维和能力，还是毕业后直面真实社会时最需要的能力。它能帮助孩子在面对各种不确定性问题时，有自己的认知和思考。

过去，我们认为脑子里存储了大量天南海北资讯的人就是"博古通今"，一个让我们羡慕的"博学"的人。然而今天，你想知道的一切几乎都可以通过互联网搜索到。那种认为只要把孩子送进一所好学校和各种补习班，疯狂背诵知识，考出好成绩就是学霸的想法其实是对学霸的巨大误解。

马斯克在谈到通识教育与专业教育时说过："我觉得对所有领域有一个大致的了解是很重要的。即使要做专才，也至少要精通两个领域，那样就可以把两个领域的知识相结合，这里面就蕴含大量的机会。"

我非常认同这个看法。从概率上来说，大多数家庭的孩子，想成为某个特别专精领域里最优秀的人，也许有点难，甚至我不会推荐这样规划成长路线。但是，随着整个社会的进步，新

图 3-1 跨界人才必备的两类素材

生的细分领域和工种越来越多,越来越细,在领域间还有很多交叉领域,这里面往往蕴含着大量的机会。

在今天的世界,一个孩子按部就班地上学,毕业后未必能找到一份自己喜欢的工作。

真正有意义的跨界不是技能跨界,而是思维模式的跨界。也就是说,今天的人才,最好要有两把以上的刷子才能成为非凡杰出的人才。未来,真正让孩子变得厉害的,不是学富五车、满腹经纶,而是有自己的优势和特长,同时能够拥有运用这些知识和模式、快速学习其他知识的能力,从而解决现实生活中的实际问题,用跨界的知识网络来进行创新。

要实现这个目标,我也总结了三个成长关键词:**跨界认知、科学思维和快速学习**。

跨界认知：
迁移知识的能力，决定了孩子"聪明"的程度

常听到有父母说，谁家孩子特别聪明，理科学得特别好。如果哪个孩子在某方面表现出一定的天赋，就容易被夸"聪明""天才少年"。但是某一个学科表现得特别专精的孩子，真的就更聪明吗？

还有一种极端的说法，认为在某个领域特别擅长的孩子，可能在另一些方面存在特别大的缺陷。因为他们发挥才能的方式比较特殊，过程中常伴随着偏执或偏激，能力越大越危险。

回到现实中来，到底什么样的孩子是聪明的？人的聪明程度是不是被培养出来的？我们来看一下，一个普通人的智商是如何开挂的。

在美国著名科幻小说家特德·姜的小说《领悟》中，男主角是一个计算机专家，他偶然获得了一种能够无限开发智力的药物，从此人生便开了挂，无论学什么，他都能一眼看出整个系统是如何运转的。

不但如此，他还只用了一周的时间，就完成了常人很

多年才能完成的教育过程，并且具备了一个更高级的学习能力——快速进行跨学科组合。于是他可以重新审视人类知识文明发展的完整地图，不但能填补过去的知识空白，还能孕育新的语言，创造和增加新的知识内容。

最后，他甚至还拥有了能够用意念直接作用于他人的能力，能够洞察事件的因果，对人的动机进行改造和利用，成了神一样的存在。

尽管这只是一部科幻小说中的故事，但它却向我们展示了一个秘密："聪明人"和"天才"并不是有某方面的缺陷或偏激，而是他们大脑的学习机制不同。一个人在智力开挂的时刻，常常发生在跨学科知识的迁移交汇之时，就是大脑在旧知识和新知识之间建立"高速路网"的时刻。

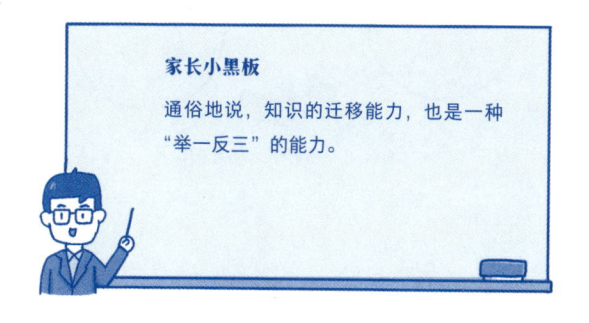

家长小黑板

通俗地说，知识的迁移能力，也是一种"举一反三"的能力。

举一反三的能力被华为公司列为筛选干部人才的必备底层能力之一。厉害的人往往可以干一行成一行，越来越厉害，游刃有余。他会把一个专精技能不断增强增厚，建立起联系知识、跨界学习和运用的思考能力。

孩子想要形成跨界学习知识的能力，需要在学习中经历一个闭环：吸收信息、举一反三、选择知识。这三个环节是一个可以周而复始的过程，转动得越快，孩子就会越来越"聪明"，学习的效果就会越来越好，这是一个良性循环的过程。

图 3-2 跨界学习闭环图

过去，我们都很容易陷入"简单"的学习过程，停留在舒适区里的后果，就是我们时常会经历这样一个进程图：吸收知识，记住知识，忘掉知识。

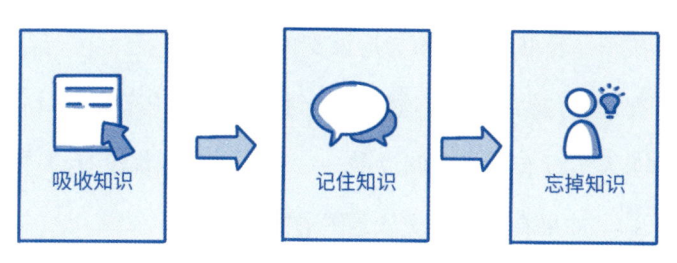

图 3-3　简单学习闭环图

现在有好多父母，包括在国外生活的中国父母，依然最在意孩子吸收和记住知识这件事，结果是孩子鸡飞狗跳，自己每天气得够呛。父母们的教育心态是，考试成绩不敢轻视，素质教育也不敢落下。但最核心的问题应该是怎样帮孩子有效利用学习时间，让孩子变得更聪明、更厉害。比灌输知识更重要的，是如何让孩子对知识产生好奇、产生思考，学会整理知识，建立把知识融会贯通的能力。

在家庭环境中，父母能做些什么呢？这里准备了一份聪明父母的操作指南，不过有一个前提，就是父母要认可。

1. 尽可能地给孩子创造一个好的阅读环境。

前几天有一位爸爸很担心地问我：我家孩子总是喜欢在厕所里读书，这可怎么办？我说，那就在厕所里帮他安装一个书架。孩子爱看书是件好事，应该支持。

查理·芒格说："我这辈子遇到的聪明人（来自各行各业的聪明人）没有不每天阅读的——没有，一个都没有。"博尔赫斯说："如果有天堂，应该是图书馆的模样。"

聪明的人没有不爱读书的，图书让他们大脑的高速路之间连接了无数座宫殿。父母是孩子人生的设计师，我们只要提供一个孩子能够方便阅读的环境，孩子就能逐步搭建自己的知识大厦。

很多父母最担心的问题是，我们究竟能教孩子些什么？我们最能够为孩子做的，就是像一个园丁一样，为这粒种子营造一个适合生长的环境。我们可以为孩子专门布置一间书房。可惜绝大多数家庭的卧室里面没有摆上书架的习惯。一个书架的成本并不高，不需要华丽的装饰、多大的空间，只要有一个能摆下几十册书的地方就行了。

如果家里有两个孩子，有上下铺，正好可以营造一个独立的"洞穴"，让孩子在一个独立的安全的空间里去思考。别忘了让他们自己选择和设计自己的阅读空间,只有自己拥有掌控感,自己参与选择,自己参与规划,才能让他们热情高涨起来。

一个可以自由读书的环境,在潜意识中就能让孩子对知识和书本产生兴趣。

当然,父母如果能够在看书的时候表现出惊喜、快乐、好奇,或者父母在阅读的时候让孩子参与进来,都是让孩子爱上读书的秘诀。久而久之,这块土壤就足以让孩子心中阅读的种子生根发芽。

2. 学会选择,尽可能给孩子提供更多跨学科的选择。

对父母最大的挑战,是选择的能力,因为选择比努力更重要。

第一种选择的维度:是在有限的投入内,尽可能去选择最好的。

什么是最好的教育资源?

好资源不一定是最贵的,吊起来卖的手把手的"知识""课程"不一定更好。

美国经济学作家克莱·舍基认为,假如现在有一个大型书店，你把它买下了，把里面的书都倒在一个足球场上，在那些书堆里会有亚里士多德、牛顿、奥登等人的著作。但是，当你走进去随手捡起一本，你更有可能拿到的是名字很长的那种励志鸡汤的口水书。

许多书最大的价值就是书名和封面，这并不是说书里没有内容，而是如果你只看书名和封面，受伤害程度会最低。这就要求我们尽可能地帮助孩子选择那些对他们真正有益的图书。

什么样的书值得选择？既对孩子的学习和成长有用，又能帮助孩子建立底层能力，还能与孩子的实际生活有所关联，能同时满足这三点，我认为就很值得为孩子去选择。

第二种选择维度，是多提供一些科学和人文领域的不同选择。

不要局限于教科书和教辅教材，如果孩子喜欢，读一些人文小说和故事也是非常值得鼓励的。没有真正意义的所谓"闲书"，只要选择足够多，孩子自己也会形成选择的能力。孩子学习成绩不好，关键是没有引发兴趣。很多课外读物会跳出枯燥的公式，让孩子感受到学习的乐趣，是非常值得一读的。

一个知识渊博的人，一个能够深度思考的人，是靠阅读大量图书培养出来的，并且没有捷径可走。

3. 利用一些小工具、小游戏，锻炼孩子举一反三的思考力。

要实现跨界学习并不是一件容易的事，一些学科之间的智慧很难转移。有效学习的本质，就是要看到知识体系的内在联系，就像神经元的连接一样，建立底层能力的连接。

孩子们过去采取的常规整理方法就是，把学过的相关知识整理好，以便在相关考试或后面学习新知识时快速地"取用"。实际上，用文字把大量学过的定义、公式、例题、关键句子等摘录在本子上，不但要耗费大量的时间，效果也不好。

在这里我推荐父母多鼓励孩子使用"思维导图"等思维工具。思维导图是被称为"世界大脑先生"的东尼·博赞发明的。它还有个名字叫作"脑图"，本质上是一个锻炼大脑思考能力的工具。

思维导图帮助孩子对所获取的信息进行分析、归纳、整理，从而进行深度理解，提高思维能力。利用线条、图形、文字、符号、色彩等，把各类知识点进行串联、发散、聚合，再以图解的形式和网状的结构存储、组织、优化和输出信息，可以帮助使用者把大脑思考的内容和过程有重点、有逻辑地呈现出来。所以，思维导图作为一个学习工具，不但可以帮孩子提高记忆，组织观点，发散思维，更能用来做各种创造性的活动。

> **思维误区** 把知识点都记录在本子上，苦读默背。
> **重新定义** 多了解思维导图这类符合大脑开发规律的科学高效的思维方法。

我记得我的孩子上小学一年级的时候，有一次参加课外活动，活动要求孩子自己挑选最喜欢的一本书，然后手工绘制一张思维导图，现场做一个创意荐书主题演讲。我回想一下自己，好像还是前两年才学会的这个技能。

如果孩子每学完某一课程，就运用思维导图之类的方法去形成系统的知识框架，慢慢地，头脑中的知识系统大厦会有越来越多的连接，架构越来越大，越来越细，中间的联络越来越多，迁移速度越来越快，孩子就会真的越来越"聪明"。

有效地构建知识框架，有助于孩子通过节点和连线，把从中心辐射出来的各个知识点都联系起来，从而把所学知识一点一点地串成串、连成网，从而让孩子养成通过学习和思考，联系和运用所学知识的习惯。

科学思维：
在"为什么"的背后诞生创造力

你一定听说过著名物理学家费曼的大名吧？那你知道他的父亲是如何将他培养成"天才"的吗？费曼的父亲非常喜欢科学，这对费曼产生了很大影响。有一次，费曼和爸爸讨论一个问题：是什么使得它动？

爸爸说："每样东西之所以会动，是因为太阳在照射。"
费曼说："但是玩具动是因为发条上紧了呀！"
爸爸反问道："发条为什么会上紧？"
费曼回答："我把它转紧的。"
爸爸又问："你为什么能动？"

费曼回答:"因为我吃东西了。"

爸爸又说:"是因为有太阳的照射,食物才能长出来。所以,这还是因为太阳的照射,才让你的玩具动起来的。"

这就是一个关于"为什么背后的为什么"的问题的讨论和思考。寻找"为什么"的答案的过程,就是在激发孩子的科学思维。

除了跨界学习之外,要想成为高手,还需要让孩子树立科学思维,养成深度学习的能力,浅尝辄止是无法成为高手的。不管是在课本上,还是在其他学习资料中,关于玩具为什么能动的解释都是:能量使它动。孩子看完之后并不会感知到里面的趣味性。

费曼的父亲给我们做了一个很好的榜样。原因有三个:

第一,从细节上来说,他的方法未必正确,但在原则上却是倾向于正确的。

第二,他用开放式的问题来训练孩子的科学思维,让孩子学会探寻根本上正确的东西。

第三,他还培养了孩子的好奇心和探索未知世界的冲动,这远比直接掌握知识更加重要。

这样的教育方式让费曼懂得，事物的本身不重要，重要的是怎样去发现它们，找到它们发展的本质。这也给予我很大的启发：教育的目的，从来不是让孩子掌握足够多的知识，而是培养孩子成为一个具有科学思维、能够独立思考的人。

现在，你还记得孩子在三四岁的时候，每天不停地追问你"为什么"的事情吗？

"为什么天是蓝的？"

"为什么变色龙可以变色？"

"为什么妈妈可以看电视而我不可以？"

"为什么我要写作业？"

……

在孩子未来被经验、事实和正确答案库塞满之前，我们有责任守护好他们提出这些"为什么"的能力。

如果一个人内心的能量，不够支撑他去追问这个世界的已经和未知，就很容易陷入周遭环境的惯性，接受一切"正确答案"，那他就不需要再思考了。要想让孩子更好地学习知识、吸收知识，最好的方式就是让知识真正彻底地穿过孩子的大脑和身体，没有比这更有效的学习方式了。不断追问不但是一种精神，也是帮助自己通过深度思考成为高手的钥匙。

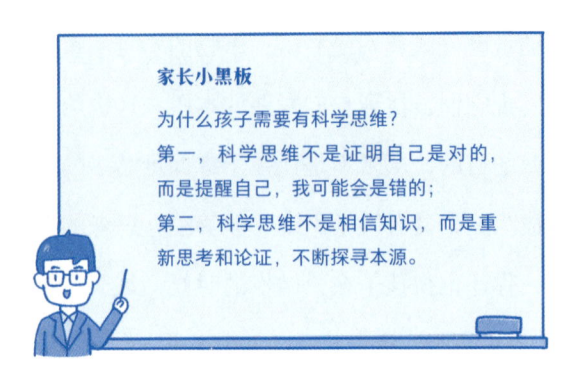

> **家长小黑板**
> 为什么孩子需要有科学思维？
> 第一，科学思维不是证明自己是对的，而是提醒自己，我可能会是错的；
> 第二，科学思维不是相信知识，而是重新思考和论证，不断探寻本源。

当然，我们目前还无法摆脱应试学习的机制，但我们必须帮助孩子在适应现实的过程中，呵护好天赋中最重要的部分。不要放弃引导并驱动孩子深度学习与思考的教育本质，否则，即使是在西方较为宽松的教育体系中，孩子同样无法发展自我。

那么，父母应该怎样帮助孩子树立科学思维呢？我给父母一套算法指南。

指南1：经常跟孩子提"为什么"，把提问环节植入平时的对话中。

我们向孩子提出问题，就是在激发孩子大脑思考的过程，也是锻炼孩子科学思维的关键。那么，我们该怎样向孩子提出问题呢？

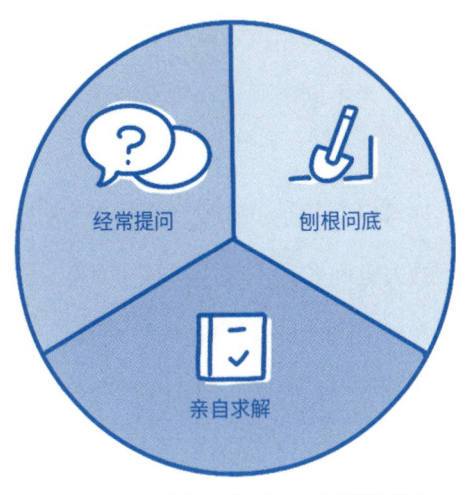

图 3-4　父母激发孩子深度思考力的算法指南

　　美国哈佛大学教育学院曾就如何培养和提升孩子的思维力提出了一个"零点计划"，其中有一个方法叫作"三步提问法"，这"三步"分别为"see"（你看见了什么）、"think"（你有什么想法）和"wonder"（你想知道什么）。

　　举个例子，假如我们带孩子去海洋馆，看到各种各样的海底生物，我们就可以问孩子："你都看到了什么?"孩子可能会说自己看到了鱼、海龟等。

　　不要觉得这一步很简单，这正是帮助孩子形成独立思考能力和科学思维的基础，而且孩子也会因为你的提问而更加仔细地观察，甚至能从不同的角度观察眼前的动物，表达出许多不同的观点和看法。当不同的观点和看法碰撞在一起时，科学思维就得到了拓展。

接下来，你可以问孩子："你发现它们都有什么特点了吗?"这是承上启下的关键问题，不仅引导孩子观察，还引导孩子去思考。比如，孩子在看到一只海龟时，可能会说："这只海龟的前腿比后腿长。"那你可以继续问他："你觉得这个特点对它有什么帮助吗?"

这也是锻炼孩子科学思维的关键一步，如果你不问，孩子可能就不会去思考海龟为什么有这个特点，也不会认真梳理因果关系，只是停留在自己看到什么的阶段便止步不前了。

"还有其他你想知道的吗?"这一步是鼓励孩子自己去探索，将之前的"观察"和"思考"上升到"行动"的阶段。比如，孩子看到一片珊瑚，可能会问："为什么珊瑚是红色的?"这时你就可以顺势鼓励他说："这个问题我也不知道答案，如果你想知道，就去问问工作人员吧!"然后引导孩子自己去询问馆里的工作人员，弄清楚自己的问题。

这一步是为了让孩子的问题或想法"落地"，当孩子的每个疑问、每个想法都能得到解决后，他就会更加积极、深入地探索下一个问题，让自己的思维能力不断拓展。

指南 2：别着急去"教"，别着急给出正确答案，要深度追问。

我在跟一些朋友聊天时，有的朋友就问我："为什么我每次教孩子做什么时，孩子很快就失去兴趣了呢？"

这个问题并不难回答，因为"教"这个过程扼杀了孩子原本需要通过好奇心来驱动的学习动力，让孩子由此失去了主动探索的乐趣。这也是我们说过度教育不如不教育的原因所在。前面也提到了，孩子天生好奇，善于观察和探索，几岁的孩子经常可以一语惊人地说出你已经麻木的生活里的关键信息。所以，有时孩子的学习真不是"教"出来的，而是他自己"摸索"出来的。

了解了这个事实后，我们再面对孩子的教育时，就要改变以往"教"的思路，而是把探索的乐趣还给孩子。当孩子向你提出问题时，不要急于告诉他答案，或者教他怎么做，而是鼓励孩子大胆地假设一下：

"你是怎么想的？"

"你认为这是为什么？"

"你觉得应该怎么做?"

"假如让你来试试,你打算怎么做?"

……

当然,孩子可能会说错、做错、出错,没关系,我们要敢于接受没有标准答案的结果,敢于让孩子去挑战既定的经验和真理。这样,才能从小培养孩子的科学兴趣和科学思维,保护好孩子的好奇心和探索欲。

指南 3:鼓励孩子亲自动手去寻找和验证答案。

要想鼓励孩子的探索欲,我们还可以和孩子一起动手去验证孩子的想法,如果发现孩子错了,也不要否定孩子,而是和孩子认真地探讨出错的原因。这既可以有效地激发孩子的学习兴趣,又是和孩子一起成为有趣的人的重要机会。

其实,在很多时候,证伪比证实更具有现实意义。就像我们没法证实这个世界上没有会飞的猪,但你可以证伪这个命题,只要你找不到一头会飞的猪,那么这个命题就被证伪了。对于科学思维而言,重要的是过程,而非结论。

在验证过程中,为了拓展孩子的思维,我们还可以和孩子进行一些调研分析,比如,当孩子问"为什么感觉今年北京的雪比去年下得少"时，我们就可以带着孩子做一下定量分析，如找一下历史上每一年北京的降雪量，再对比一下今年北京的降雪量，把讨论的问题轻松地转化为动态的数字。这就已经完成了一个定量分析，是在做一个严肃的科学实验了。而这个过程不但让孩子感觉充满乐趣，还掌握了再面对类似问题时，该如何通过定量分析来解决问题的思维。

科学思维对应的不是什么全然反对迷信，而是保持独立思考的意志和深度探究的精神。"我可能是错的。""世界上有很多不知道的真理可以探索，这是多么有趣的事啊！"在广袤无垠的知识面前，选择探寻真理而不是捍卫自己的正确，这会是让孩子受益一生的好习惯。

当孩子提出问题时，我们也可以告诉孩子："宝贝，我不知道答案，但是我们可以试着寻找答案，这些答案真的很重要！"这才能帮孩子逐渐养成积极思考、积极探索和寻找解决问题的方法的能力。

当孩子养成这种习惯后，再面对自己不了解的知识时，也能够运用科学的思维去思考和探求，积极寻找和发现问题的本质。

快速学习：
最需要学习的，是学习的习惯

学会学习，是成年人一不小心就会失去的宝贵的"开放度"和"成长性"，也就是对这个世界的好奇心。小孩子喜欢问问题，极有耐心，爱倾听和学习。这个经验我是从直播中学习到的。

从 2021 年开始，我不断在自己的视频直播间邀约国内外很多著名作家和教育界人士对话和访谈。在每一次直播开始前，我都会提前列出一个问题提纲，里面有一二十个问题。通过这种和对方问答的对话经历，我获得了特别多有意思的知识、观点和智慧。

每次回看整理出来的文稿时，我都会反省自己，尤其是看到对方马上就要说到关键信息的时候，却被我打断了，我会感到很懊悔。

诺贝尔经济学奖得主罗伯特·席勒（Robert Shiller）说过一句话："你说话的时候，学不到任何东西。"

承认自己的无知，虚心地吸收和请教，这个宝贵的习惯只有少数人能保留下来。论学习的精神，孩子比我们成年人更接近理想中的学习者。

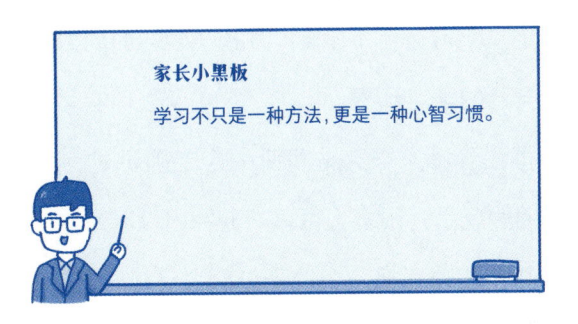

> **家长小黑板**
> 学习不只是一种方法，更是一种心智习惯。

孩子从出生到 3 岁前的大脑就像一张白纸，用感官感受和学习周遭的一切，而且整体性地印在脑海里。这种非常快速且无意识的学习方式，几乎没有一所学校适合这个年龄段的孩子。有现代心理学家认为，成人的全部知识的 70% 以上在 3 岁以前就学完了。俗话说，3 岁看到老，看来是有科学道理的。这足以证明童年的重要意义。

在这之后，孩子飞速长大，开始了有意识的学习，这个时候孩子的自主学习能力就非常重要。假如这种旺盛的学习力能够更多地被保留到成年，也就解锁了杰出人士"出走半生，归来仍是少年"的秘密。

每个孩子都是独特的，面对变化莫测的未来和更加有个性的孩子们，我们要穿越时间和变化，找到不变的规律，帮助孩子重新定义学习。怎么重新定义学习呢？我有三个途径：

重新定义学习途径 1：要提升孩子学习的动力，就要让他自主规划自己的学习计划。

我记得在春藤家长 App 里听一个老师讲过，现在孩子最大的学习问题就是：很多人可以一分钟内说清楚包饺子的全流程，但是却不能独立把一个饺子包出来。互联网资讯越发达，孩子就越容易把时间都放在"知道"很多事情上，但知道和做到之间还有天壤之别。

和外国孩子比，中国孩子最应该强化的，就是动手能力。这种动手能力的内涵是广义的，比如，孩子上课的时候学了抛物线，那么就让他去打球，在投篮的过程中更加直观地体验到抛物线，也是重要的行动和实践。

马斯克希望建造一所学校，要求这所学校里的孩子就像在真实世界中一样，能够抓住一切机会，努力汲取养分，获得灵感。这所学校不制定固定的课程表，而是根据既有的师资情况，有针对性地灵活构建课程框架；取消年级制度，不通过年龄，而是通过能力和兴趣评估，把学生编到不同的学习小组。这样做的目的是把学习的支配权还给孩子，允许孩子用适合自己的方式去学习，在解决真实挑战的过程中，发现自己的优势和潜力。在中国也有一些创新的学校，比如北京的未来城学校，已经告别了分科教学，完全通过学习任务来激发孩子的学习动力；此外，还设置了大量的自选课和社团活动。

让孩子自主设计自己的学习地图，学什么，让孩子列出选项，做出选择和排序，适当地做一些时间规划。

思维误区 孩子很小，我要为孩子规划好一切。
重新定义 把学习的规划选择权交给孩子。

除了学习内容，还有方法和时间规划。学习不只是来源于课堂和书本，整个社会、社区都是孩子很好的学习场所！

现在很多父母让孩子去上各种礼仪课，学习各种礼仪，其实最好的礼仪课是让他每天在家整理自己的房间，每天把自己的东西收好，能够向做饭的父母说声"谢谢"，能尊敬老人……这比任何礼仪课都有意义。

再如带孩子去上各种脑力开发课。其实从科学角度来说，完全有比上课更有效的开发脑力的方法，就是保证孩子的休息，平时多让孩子参与各种运动，多陪伴孩子玩各种游戏，这些都远比让孩子上训练课更有效。

"向身边的人学习"也是从实践中学习的最好方式。我把它归纳为：在教中学，向前辈学，向同伴学。

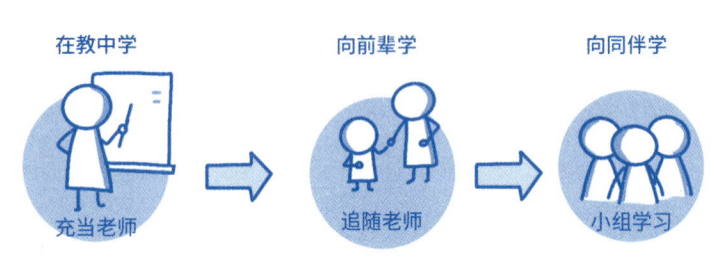

图 3-5　向身边的人学习的三种方式

如何在教中学？

把自己学会的东西教给别人，是一种有效的学习策略。"费曼学习法"中也提到，要想向别人解释清楚一件事，自己就必须先弄懂这件事。为此，费曼学习法还提出了四个学习步骤：

第一步，先确定一个要学习的概念，可以把这个概念写在纸上，并且学会。

第二步，把自己学会的内容讲解给别人听，向别人转述这个概念的含义，并且边讲边梳理概念的核心点。这个过程就能让孩子清楚自己掌握了哪些内容，同时还有哪些内容没有掌握。

第三步，深度学习，查缺补漏，重新学习第二步中没有掌握的内容。

第四步，复述验证，再一次讲给别人听，只有别人能够听懂并且复述这个内容了，才说明自己的学习成功了。

如何向前辈学？

前辈就是那些在社会各领域中有所成就的人。我们过去在教育孩子中过分注重传授那些通过文字、图表、公式、手册等表述的显性知识，而忽略很多不容易通过以上方式来传授的知识，这种知识叫作隐性知识。隐性知识其实是一种策略性的元知识，是如何利用知识解决问题的策略，也是个人信念、看问题视角和价值体系等连自己都没有觉察的隐性要素。简单来说，就是传授者遇到问题和解决问题时的思维方式、行为模式等。只有通过耳濡目染，跟着老师模仿学习，才能学到。

未来会有一种最受欢迎的老师，就是在某一个领域亲自实践过的专家；另外一种受欢迎的老师，就是教练。教练可以给你反馈，像照镜子一样，让孩子能够快速通过反馈让"动作更到位"，进球的把握越来越大，逐渐成为高手。

如何向"同伴"学？

向同伴学习，就是要与同伴组成小组，成员之间互相协作，分享自己的知识。这种学习方式在我们的工作中很常见。拥有不同知识背景、观点和个人经历的人，彼此之间分享看法和想法，形成多样化的观点，让自己从中获得启发，同时也能学到别人思考问题的模式。

父母应该鼓励孩子与同伴组成小组，与小组成员一起讨论问题，并在其中发挥作用。这不仅能丰富孩子的知识结构，还能锻炼孩子的思维能力，帮助孩子在未来形成关键性的思考能力和协作能力。

重新定义学习途径 2：带着真实世界里的问题或项目去学习，养成学以致用的好习惯。

曾经有一个创业的朋友跟我说，即使在创业时，他也坚持每天抽出一部分时间学习，但结果却因此而影响了创业过程中与合伙人之间的合作，为此他很苦恼，问我问题到底出在哪里？

我告诉他，最好的学习内容其实就是你所创立的事业，如果你能把个人学习和解决创业过程中的实际问题结合起来，你的合伙人就会觉得，大家是在为创业而共同努力。也就是说，你根本没有必要抛开创业而单独为了学习而学习。

这种为了学习而学习的做法，首先是搞错了学习的目的，其次是没有掌握好的学习方法。

学习原本是一种实现目的的手段，学习的目的应该在于应用，在于以知促行、知行合一，但很多人错把手段当成了目的，学习就会变得盲目。同样，在创业中学习，在学习中创业，两者是相辅相成的关系，学到的知识可以为创业助力，创业的经验又可以让学习更有目标，两者完全不矛盾，关键在于如何让两者合二为一。

北京师范大学顾明远老师说："在当今科技发达、信息万变的时代，项目式的学习是当代乃至未来十分重要的学习方式。"

简单来说，项目式学习就是模拟现实世界，让孩子通过有闭环体验的探究式学习来获得真正的能力。可以预见的是，项目式学习方式越早被孩子尝试和掌握，就越能培养孩子的学习能力，提升孩子的学习效果。

在项目式学习中，项目可大可小，从幼儿园里的孩子一起搭建一个城堡，到小学里的孩子通过团队协作，一起完成某个特定的项目，再到中学生一起完成一个创造性实验，大学生完成一次创业项目……都属于项目式学习。在完成团队项目的过程中，孩子可以拥有极大的自由度和灵活性，通过设计、完成、展示小组项目，获得相关考评，从中获得有关的知识和技能。

父母可以多为孩子创造与外界接触的机会，鼓励孩子参与到各种项目式学习当中，也可以自己设计一些项目，引导孩子参与其中。

重新定义学习途径 3：想要学会知识，先要学会忘记。

很多父母和老师看到孩子一遍又一遍地背，拿笔一遍又一遍地画，甚至是一遍又一遍抄的时候都会很开心，但是这只是"看起来非常勤奋"。实际上，他的学习过程是很轻松的、顺畅的，画上一条线，大脑接受暗示：我已经学会了这个。

我们在读书的时候画线，及时做笔记，有时是为了让自己觉得已经学会了。这会让整个阅读和学习过程非常"顺畅"，让自己处在一个"舒适区"里。

要知道，学习越轻松，效果越不好，还耗费了大量的时间，并没有做真正有挑战性的事情。真正的学习不是为了证明自己"得到"了知识，而是给自己"遗忘"的机会。

我们把读到的学到的知识赋予新的含义，而且要把它们和已知的知识联系起来，这个过程至少需要数小时甚至数天时间。如果真的想让自己的大脑得到锻炼，或者真的记住这些知识，先忘掉它，再架构它，再检索它，再联系它。

遗忘是把知识放到潜意识当中去，只是暂时不去调用它，忘掉是为了更好地让大脑记住。当你能够把之前的那些东西遗忘掉的时候，你才能够学到很多新的知识。遗忘并不是彻底忘掉了。所以要真正地考验自己学没学会、记没记住，最好是间隔一段时间之后，再去检验，而不是为了短期记忆立马去考自己。

本章小结：成为 π 型人才

> 📖 小故事

通感力

不少青少年视乔布斯和埃隆·马斯克为偶像。前者站在科技与人文的交叉口，后者则以创新的工程能力著称。但是他们二人的最厉害最特别之处是：从不同学科吸取智力资源的能力。难怪斯坦福大学校长约翰·轩尼诗强调他的教育理念是"跨学科"。

马斯克给自己的孩子建了一所学校。这所学校打破了传统的年级区分，也没有年级考试。马斯克认为："教授应讲解问题本身而非解决问题的工具，这一点很重要。"举例说，我们没必要花太多时间给孩子讲螺丝刀和扳手的基本原理，直接给学生们提供一台发动机，然后和他们一起拆卸它。

"如何拆开？需要螺丝刀，那就是螺丝刀的用途，你需要扳手，那就是扳手的用途。工具的用途这时就显而易见了。并且，我们能在实际的情景中，理解工具、发动机、解决问题之间的关联。"

"通感"这个词字面上的意思是用描写某类感觉的词语描写另一类感觉，比如"听见味道，闻出色彩"。在教育上则可以从"知"与"行"两个维度来理解，指既能跨学科地理解事物的本质与关联，又能在现实世界里打通各种元素之间的联系通道，让想象力和工程力一起作用，解决难题，创造价值。

如何让孩子成为高级复合型人才，即 π 型人才？以下有三个教育宝箱，请收下。

第一个宝箱：从 T 型人才到 π 型人才

T 上面的一横，是通识，跨学科，指我们的知识面要足够广，见识要足够多，经历要足够丰富；T 下面的一竖，是专业，指我们需要在某一个领域钻得足够深、看得足够细、研究得足够透。

"π"型人才，是在"T"下面多加了一竖，强调要有两个专业的支撑。它的特点是，抗风险能力更强，应对市场变化的能力更强。

例如，我侄女学的是计算机科学和商科两个专业，而且这两个专业是"1+1 >2"的关系。所以毕业之后她很快找到了一家银行总部工作，负责数据分析业务。

第二个宝箱：哈佛通识教育的五大功能

哈佛大学通识教育在开展过程中注重五大功能的发挥：一是开阔视野，二是多元思维，三是思辨精神，四是同理心与沟通能力，五是解决问题的能力。

从这五大能力可以看出，哈佛大学通识教育注重学校与社会的衔接，着重培养学生发现问题、解决问题的能力及适应社会的能力。

梁思成曾说：有人文没有技术的"边缘人"或有技术没有人文的"空心人"都是残缺的人。

第三个宝箱：提问题往往比解决问题更重要

诺贝尔物理学奖获得者伊西多·拉比曾经说过，大部分母亲在孩子放学回家后都会问一句："你今天有没有学到什么东西？"但自己的妈妈当年却问："拉比，你今天有没有提出一个好问题？"

20 年后厉害的人，是能提出问题的人。爱因斯坦说："提出一个问题往往比解决一个问题更重要，因为解决一个问题也许仅是一种技能，而提出新的问题、新的可能性，从新的角度去看问题却需要创造性的想象力，而且标志着科学的真正进步。"

> 📝 **小练习**

让孩子做个小生意

做生意，需要创意，算账，动手，宣传，收钱，能够培养兼顾动脑与动手能力的通才。

让孩子做生意其实也很简单，我有次就是鼓励孩子在家给大家做有偿早餐，5 块钱一份。为了赢得客户，他下足了功夫。

本次小练习步骤如下：
1. 形成生意的创意：想卖什么，卖给谁，卖多少钱；
2. 采购原料，生产商品，推销，完成交付；
3. 盘点生意，计算赚了多少钱，总结成功的经验和失败的教训。

金钥匙 4 ｜ 成就
从学业成绩到人生成果

以资源有限为前提，去实现目标。

—— 老喻

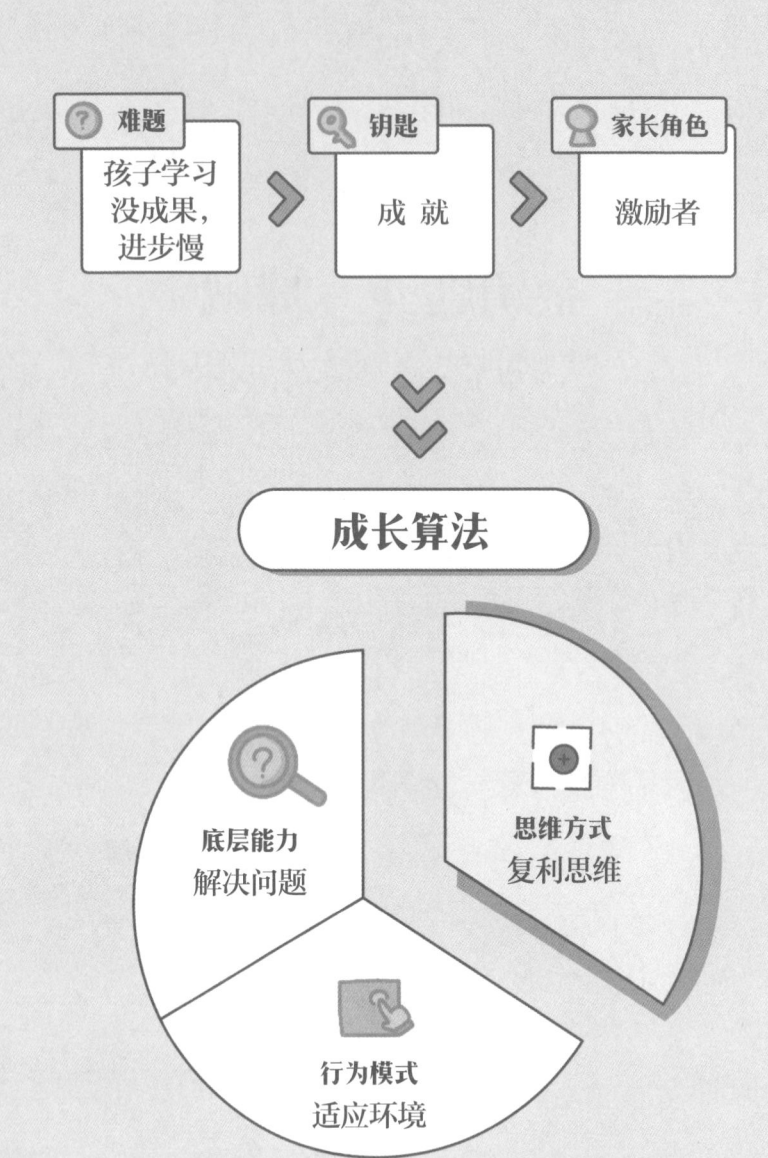

难题	钥匙	家长角色
孩子学习没成果，进步慢	成就	激励者

成长算法

- 底层能力：解决问题
- 思维方式：复利思维
- 行为模式：适应环境

我有过两次创业经历，是两个完全不同的领域，因此接触了各种各样的人才，其中不乏名校毕业的优秀人才。

我发现他们刚入职场时，特别希望公司内万事俱备：流程完备、人员充足、管理到位；他只需要安然待在其中一个环节上，按理想的情况安排自己的工作，并按自己的计划可控地完成任务。

还有一些人曾在生产型企业担任高管，能力和专业都非常优秀，通常都拥有一整套知识体系、理论模型、标准化流程，但是他们在创业型公司变得难以适应，因为他们的这套经验完全用不上。他们会对公司管理方式提出质疑，对方方面面的工作提出各种各样的问题，甚至提出的问题比需要他们解决的问题还要多。

面对这样的人，我们不能说他们没能力。但是也必须看到，他们不是卡在能力上。即使真的有能力、有才学，他们在制度和流程不是特别严谨和完善的创业公司内，也难以得到重用。

这其实是在提醒我们：不论任何时候，能够快速适应环境、学会思考并发现问题的本质和找到解决问题的方法，对一个人的发展至关重要。只会提出问题，却找不到解决问题的路径，难以取得很大的人生成果。

就像跆拳道训练，如果只是为了应付考试，教练只需把一整套动作分解教给学员，再传授得分的技巧，学员学会后就能达标进阶了。

但是，当孩子在现实生活中要真正保护自己，作抵抗侵犯之用时，那些得分技巧就变成了花拳绣腿，毫无用处。同样，专业技术能力只有被思考能力、应变能力、实战能力加持，才能起到关键作用。

教育孩子同样如此。

孩子在成长过程中，不可避免地会遇到各种问题，父母要做的，不仅是教会孩子提出问题，还要给孩子一些解决问题的具体方法。在这个过程中，还有最关键的一步，就是教会孩子如何独立思考，自己推断和解决各类突发性问题。父母要建立复利思维，让孩子不断积累解决问题的经验，就像储蓄一样，积累越多，收益越大，学业成就和人生的成果就越大。

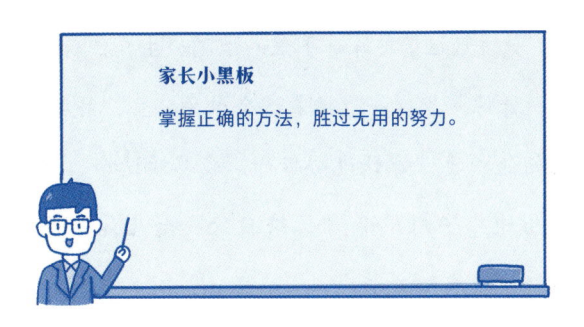

> **家长小黑板**
> 掌握正确的方法，胜过无用的努力。

这一章，我会通过三个成长关键词：解决问题、复利思维和适应环境，帮助父母和孩子克服学习和生活中缺少成果、进步缓慢等问题。

解决问题：
拥有解决问题的能力，成为被社会需要的人

说一件我生活中发生的事：

有一次，我到一个朋友家拜访。朋友家有两个女儿，一个7岁，一个3岁，两个小女孩都喜欢乐高，我就给她们带了一套乐高玩具。

两个小女孩拿到玩具后，很快就在一旁搭建起来。这时，7岁的姐姐想要妹妹手里的乐高公主，但自从拿到这套玩具，妹妹手里就一直抓着这个乐高公主，显然她很喜欢。现在姐姐想要，妹妹说："不行，我喜欢这个，这是我的！"

姐姐想了想，说："你给我玩一会儿，等爸爸给我买了自行车，我给你骑。"

妹妹摇摇头，并不买账。

姐姐又思考了一下，尝试第二个办法："我用我最喜欢的小熊宝宝跟你交换，行不行？"

妹妹仍然不肯松手，姐姐有些失落。

这时，朋友把姐姐喊过来，跟她说："你要不要问问妹妹想怎么玩呢？"

于是姐姐就跑过去，指着妹妹手里的乐高公主说："你一直拿着它，那你想怎么玩？"

妹妹想了想，说："我要搭起来。"

姐姐连忙说："那我帮你给公主搭头发，你搭裙子，好不好?"

这次妹妹高兴地点点头,两个小姐妹很快又玩了起来。

这里有两个非常值得肯定的做法:

第一,7岁的姐姐没有像其他一些孩子一样,遇到问题就情绪激动,大喊大叫,甚至直接上手抢夺玩具、和妹妹打架。

第二,我的朋友没有直接责备姐姐不要和妹妹争玩具,或者责备妹妹不要独占玩具,而是耐心地提醒孩子,引导孩子换个思路去解决问题。

这样做的好处是,不但化解了孩子间的矛盾,还让孩子学会了怎样做,既能满足对方的需要,也能满足自己的需要。

这就是我说的孩子最宝贵的能力:去解决眼前的、具体的、真实的难题。

儿童发展心理学家研究发现,那些从小就学着自己解决问题的孩子,不仅更自信,做事的主动性更强,而且思维更加开阔。他们善于从多角度思考,以便更好地解决遇到的困难和问题。这些孩子,以后无论在学习上还是工作上,普遍比从小依赖父母的人具有更广阔的前景。因此,一个孩子如果从小就学会解决问题,养成自己解决问题的习惯,将会受益终身。

但是，我们同时也看到，现在很多孩子一遇到困难或问题就容易钻牛角尖，产生偏激甚至极端的情绪，不去解决问题，或者考虑问题时非常片面和不周全。这样的孩子，经常自我否定，采取不当方式逃避现实，而很多父母，一旦面对这样的孩子，又容易采取直接命令、批评、责骂等方式来对待，并没有认识到此举是解决问题的下下策。

那么，怎样引导和培养孩子解决问题的能力呢？

儿童发展心理学家默娜·B.舒尔教授和特里萨·弗伊·迪吉若尼莫曾提出了一个"ICPS"（I can problem solve，我能解决问题）方法，其核心点是：相信永远都有其他的选择和解决方案。它的具体步骤分为以下 4 步：

第一步：明确问题重点——达成共同的目标，不要着急给孩子评价或指责；

第二步：理解自己和他人感受——表达做这件事情时我的感受，倾听孩子的感受；

第三步：找到更多解决办法——孩子自己想出来的办法，更容易去行动；

第四步：思考可能的后果——如果办法不够好，让孩子继续思考接下来会发生什么，如果有新的冲突要怎么解决。

明确问题重点 → 理解自己和他人感受 → 找到更多解决办法 → 思考可能的后果

图 4-1 "ICPS"方法解决问题四步走

结合"ICPS"方法和现实的教育问题,父母可以通过下面4个指南来培养孩子独立思考和解决冲突的能力。

指南 1:不要轻易对孩子说出评价性的语言

有些时候,当孩子犯错或遇到困难时,可能会表现出不好的情绪,这时一些父母便开始了"训斥教育"模式:

"跟你说了不行,非要做!你看,现在搞得一团糟!"

"你是姐姐,怎么能跟妹妹发脾气呢?哪里有姐姐的样子!"

"你不要这样做,你应该那样做,为什么不听话?"

……

这些带有批评、指责、评价性质的话语,剥夺了孩子独立思考的时间和机会,也让孩子陷入失控的情绪中无法自拔。

正确的做法应该是,首先避免给予孩子评价,先让孩子冷

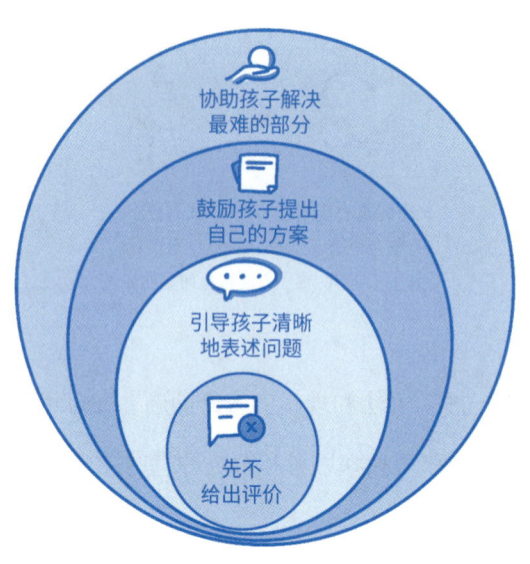

图 4-2 培养孩子独立思考和解决冲突能力的 4 个指南

（图中由外到内：协助孩子解决最难的部分；鼓励孩子提出自己的方案；引导孩子清晰地表述问题；先不给出评价）

静下来，再去引导孩子自己思考。要知道，犯错之后，受挫之后，对孩子而言都是很重要的学习时刻，哪怕这个时刻只有几分钟，也非常宝贵。比如，第一时间用平静的话语告诉孩子："好，妈妈知道了。"

指南 2：引导孩子清晰地表述问题

不管是大人还是孩子，面临问题束手无策时，可能缺乏的不是解决问题的能力，而是无法清晰地界定和表述问题。

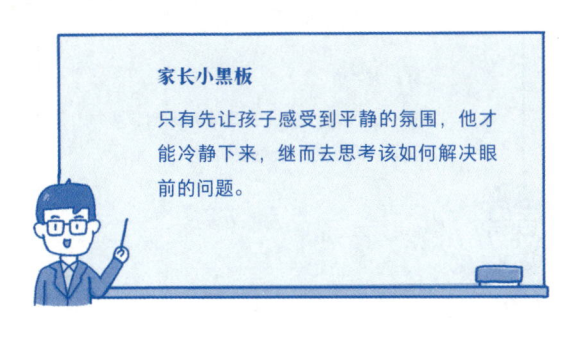

> **家长小黑板**
>
> 只有先让孩子感受到平静的氛围,他才能冷静下来,继而去思考该如何解决眼前的问题。

举个例子来说,孩子放学回到家说:"老师不喜欢我,我不想上学了。"这就不是一个清晰的问题,因为孩子没有表述清楚,他究竟是在什么时间、什么情境下产生了"老师不喜欢我"的想法。

这时,妈妈要做的不是批评孩子"胡思乱想",或者直接说"肯定是你表现不好",更不要以为孩子只是闹情绪,对孩子不理不睬。正确的方法是引导孩子思考:"为什么你认为老师不喜欢你呢?""是老师心情不好,批评你了吗?"

了解来龙去脉后,再帮助孩子重新清晰、准确地表述问题,如:"今天我在班里跑,老师感觉危险,把我叫住批评了我。""今天我的作业没有按时交,老师批评了我。"

这样一步一步引导孩子去清晰完整地表述问题,既让孩子认清了问题所在,又化解了孩子的情绪。

家长小黑板

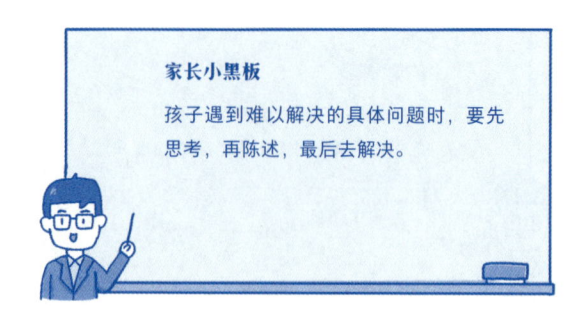

孩子遇到难以解决的具体问题时,要先思考,再陈述,最后去解决。

再说一个真实的故事:

  我的一位亲戚家有个女儿,非常优秀。不管是跟熟悉的人,还是跟陌生人,交流起来都毫不怯场、侃侃而谈。

  有一次,我跟这位亲戚聊天,问起她是怎么培养女儿的。

  她笑着说:"我们每个周末都召开一次家庭会议。在会上,全家人一起讨论问题,比如一周的出行计划,每个人的行为习惯等,还要提出问题,发表个人意见和建议。在这个过程中,我女儿都全程参与,我们也会鼓励她说出自己遇到的问题和想法。如果她说得好,我们就会采纳她的意见……"

我特别赞赏亲戚的做法，孩子每次在家庭会议上提出问题或发言，不但能锻炼思维能力，更重要的是锻炼了表述问题和解决问题的能力。当孩子从家庭中获得价值感后，再面对外面的问题时，就能清晰地表述问题或想法了。

美国教育学家米哈伊证实：儿童的好奇心越强，问题就越多，话也就越多，同时表达的欲望也越强烈。父母的无条件支持、耐心引导，是孩子自信发声的源泉，也可以帮助孩子更好地了解自己、面对问题，积极去寻找解决问题的方法。

如何让孩子在面对问题时积极主动地去自己解决呢？

我这里推荐给大家一个小工具——"解决问题小画板"。

问题	清晰地表述和定义问题	案例
目标是什么	确定自己要完成的目标以及相应障碍	
要素有哪些	参与的感受、顾虑或者决策理由	
规则是什么	需要遵守哪些规则	
别人怎么做	想象或者效仿别人	
我要怎么做	大问题拆成小问题，按优先级列出解决步骤	

这块小画板的目的是引导孩子面对问题时积极思考，梳理自己的解决方案，寻找解决问题的最佳办法。

指南 3：鼓励孩子提出自己的解决方案。

孩子遇到问题时，父母需要做的不是第一时间帮孩子解决困难，而是给孩子留出足够的思考时间，鼓励孩子自己提出解决方案，允许孩子大胆地说出自己的想法和观点。这不但能锻炼孩子的表达能力，还能协助孩子找到问题的根本原因。

比如，我们可以引导孩子思考："你这个想法不错，还有没有其他办法？""如果……可能会……"

在这个过程中，如果孩子提出不同的观点，只要不是有危险的、严重错误的，就尽量允许和鼓励孩子去尝试。父母在一个个具体问题面前，反复锻炼孩子勇于思考和面对问题的能力，锻炼他承担责任的能力，假以时日，孩子在成长中会获得显著的进步。

指南 4：协助孩子一起解决最难的部分。

虽然我们鼓励孩子积极地自己解决问题。但对孩子来说，毕竟还没有成年，总会遇到自己无法解决的难题。这时，父母不必刻板教条地强迫孩子必须自己去处理,而是俯下身来,和孩子一起寻求解决办法,比如先带着孩子学会如何把大问题拆解成小问题,把复杂难搞的问题拆解成简单易做的小问题,拆解完问题,再和孩子一起寻找方法。这样,即便面对很难缠的问题,孩子依然可以从中学到解决复杂问题的思路和办法。

完成了以上部分,我们就要和孩子一同解决问题中最难的部分。在这一步,我们先鼓励孩子尽可能多地提出解决方案,哪怕是那种一听就不靠谱的方案也没关系。在这个环节,解决问题不是关键,让孩子主动去找方法才是关键。

这个时候的父母,不要过于执着于结果,而是先引导孩子按下面的"亲子问题解决路径图"写下自己的解决方案,并做出一些预测,比如,这样解决的结果会怎样,这个结果与自己的预期有没有差距,等等。

在孩子按这个路径图来思考方案时,一定要注意,让孩子把解决方案具体到解决步骤,是这个环节里最重要的一步。只有把方法分解成步骤,才能检验解决问题的方法可行不可行,好还是不好。

亲子问题解决路径图

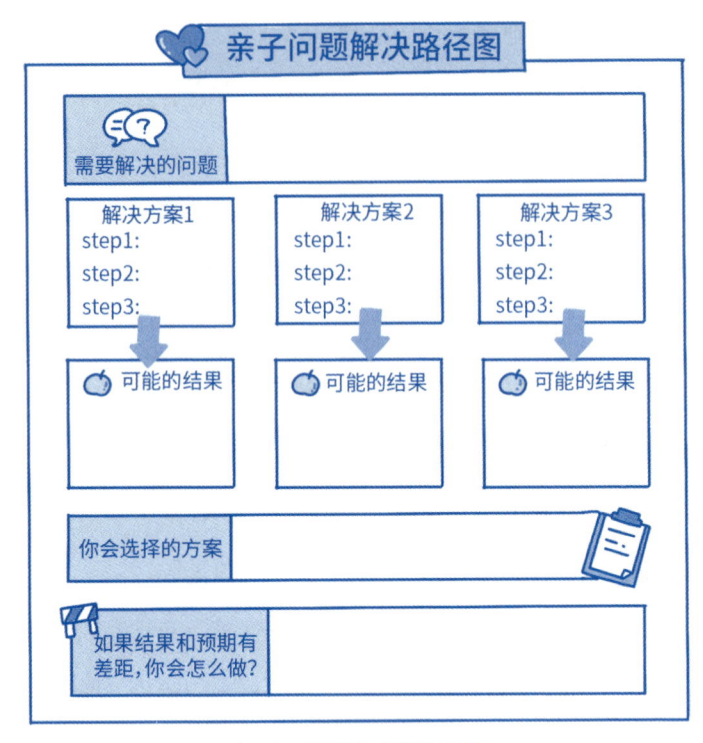

需要解决的问题	

解决方案1	解决方案2	解决方案3
step1: step2: step3:	step1: step2: step3:	step1: step2: step3:
↓	↓	↓
可能的结果	可能的结果	可能的结果

你会选择的方案

如果结果和预期有差距,你会怎么做?

图 4-3　孩子解决问题的路径图

在这期间,如果发现孩子遇到不理解或克服不了的障碍时,父母再利用自己的经验来引导或启发孩子,帮助孩子平衡利弊后,最终找到那个最优解决方案。

这个过程,可以帮助孩子更好地理清问题思路,锻炼孩子的发散性思维,让孩子学会从不同角度看问题。

复利思维：
学会提前播种未来人生果实

所有父母都知道一个口号：赢在起跑线上。

但事实上，这个世界复杂且变幻莫测。比如，一个穷小子和一个富二代，都有可能获得成功，也都可能失败；有些人无论出身怎样，总能不断跨越人生障碍，拥有持续不断的实力和运气，根本无法凭出身来断定他们的命运。这充分说明了：起跑线无法决定一个人最终能够走多高、走多远。

那么我们如何明确一种方法，让自己的孩子做一个厉害的人呢？答案是一种规划未来长期人生的思维方式，即复利思维。

说起"复利"，大家应该不陌生，在经济学中，它指的是本金在获得利息后，再让利息计入本金一同产生利息，从而不停地利滚利，使利息成倍增长。而且越到后期，获得的利益越多。所以对于复利思维，通俗理解就是"利滚利思维"，即努力地使一种事物随着时间的推移，按照指数增长的思维方式。

巴菲特曾说："人生就像滚雪球，关键是要找到足够湿的雪和足够长的坡。"对于孩子来说，不管这颗雪球代表的是知识、能力还是财富，我们都要帮助他们，使他们的每一分努力都可

图 4-4　复利思维的轴线图

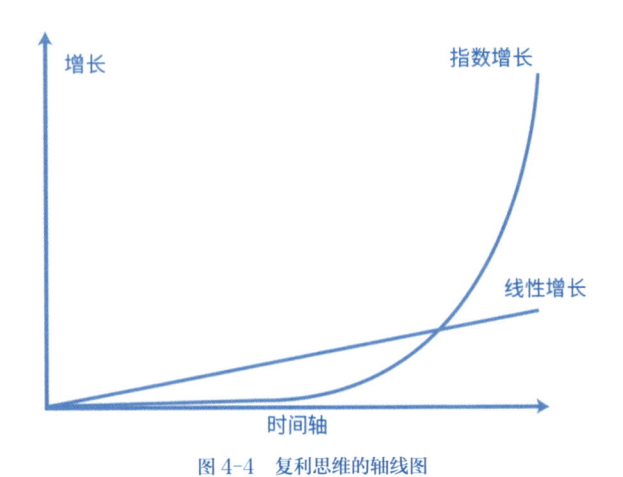

以产生滚雪球效应的长坡，使他们提前锁定胜局。

想让孩子未来更具有实力，父母首先需要有复利思维，然后才能帮助孩子从小构建复利思维。因为我们知道，每一个人生赢家成功的秘密，就在于建立实力与运气之间的正反馈循环机制。实力可以带来好运气，好运气能为我们提供更好的发展平台，周而复始，就像滚雪球一样，越滚越大。

比如，当一个孩子拥有良好的学习动机，把终身成长作为一个长期目标来实现，即使他在一个学期内没有获得好成绩，但他大概率已经处于一个能够获得知识复利的坡度上，获得好成绩也只是时间问题而已。

再比如，一个孩子拥有了良好的学习习惯，不断通过学习突破自己的认知，未来不论孩子考入什么学校，选择什么职业，他大概率都会自己去努力适应环境的变化，积极面对和解决自己遇到的问题。

该如何帮助孩子建立复利思维呢？

第一，父母要具有长期主义的价值观。

复利主义要依赖长期主义的支持。从短期看，复利思维可能不会给孩子带来显著的改变，但当我们把眼光放远，从长期来看，就会发现，孩子的各项能力一定可以获得指数级增长。

能够坚持长期主义价值观的父母，才能把目光放长远，站在未来看待现在，像本书开头提到的陈春花教授所说的："外部环境是不确定的，所以最重要的是自己要笃定，因为在不确定性中寻求稳定性就需要依赖稳定的价值观，也就是长期主义价值观。"只有父母把目光放长远，才能对孩子当下种种不那么令人满意的表现释然。

而从孩子的成长来说，它本来就是一个长期的过程，会有各种各样的可能。作为父母，我们当下要做的，就是通过无数次微小的选择和恰当的教育，为孩子做好长远的教育规划。

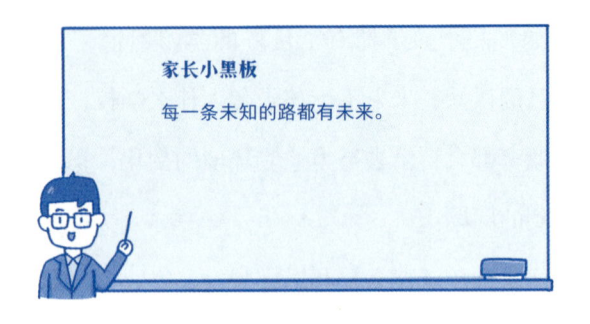

> **家长小黑板**
> 每一条未知的路都有未来。

第二，帮助孩子建立自己的精神内核。

复利思维的本质就是：你所做的事情 A 会导致结果 B；而结果 B 又会反过来增强 A，并且不断循环。在经济学中，复利收益还有个公式：

$$复利收益 C=A(1+X)^n$$

在这个公式中，不同的字母有着不同的含义，其中：A 是指内核，也可以是你的本金或基数；X 代表的是你的增速；n 则代表你可以重复多少次。

从这个公式可以看到，要想获得复利，你首先必须具有一个强大、稳定的内核；其次，你要有持续的增速，增速 X 可能会正，也可能会负，从统计学的角度来说，它应该是一个正数，或能够维持的时间比较久。再者，公式中的 n 次方也很重要，它要求你能够坚持较长的时间。

由此我们也明白了，要让孩子构建复利思维，必须让他拥有一个精神内核，然后以此为圆心，让"雪球"越滚越大。

对孩子而言，他们的精神内核就是在成长过程中形成的创造价值的能力。现在很多孩子衣来伸手饭来张口，父母对孩子照顾得无微不至，孩子要什么，马上就会得到满足。但是，无论孩子拥有的生活多么舒适，拥有的东西多么贵重，这些都只是看得见的资产，并不能为孩子的未来增值。只有自身的创造力和行动，才是孩子决胜未来的无形资产。

我曾在 B 站上看过一位 up 主"何同学"的视频。这位何同学靠着自己制作的一条视频拉动某股票股价飙升了 13%，一天狂赚了 5 个亿。

仔细了解他的情况后，我发现何同学从小就是个"科技狂人"，不仅接触过各种各样的电子产品：家庭 DV、平板、单反……自己还搞过很多科技发明。而在此过程中，他的父母给予了他很大的支持和鼓励，积极引导他在科技创造上进行探索。为了"让拍摄的视频效果更加炫酷"，何同学的爸爸还与他一起用 300 多张黑色卡纸把整个卧室的墙贴满,这项工作花了他们整整一周的时间。

这就是一个帮助孩子构建精神内核的过程。表面看,允许孩子玩电子产品,为了拍视频把房间贴满黑色卡纸,似乎都是胡闹,但这个过程却让孩子的学习兴趣、探索欲望和技术创造能力不断精进。这才是孩子在成长和学习中获得的无形却又无比宝贵的资产和优势。

第三,让孩子的能力和资源拥有自己的增长模式。

从数学角度来说,当孩子的能力和资源拥有自己固定的增长模式后,这些优势才能获得一个非线性的增长。

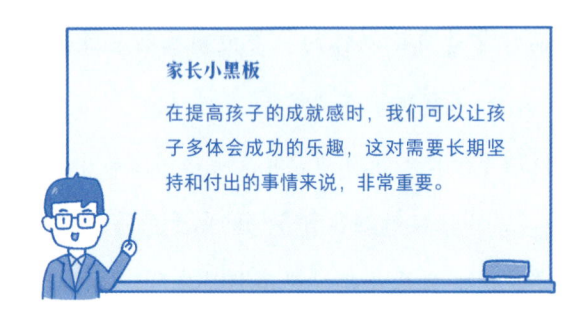

> **家长小黑板**
> 在提高孩子的成就感时,我们可以让孩子多体会成功的乐趣,这对需要长期坚持和付出的事情来说,非常重要。

学习和成长都是具有挑战性的,瓶颈期随时可能出现,如果兴趣不足以支持孩子前进,他们就很容易放弃,增长就会停止。有时候,孩子体验到了学习和成长的快乐,也发掘出了自己的兴趣和能力优势,但在持续学习过程中,由于需要反复尝试、练习而感到枯燥,失去了新鲜感和继续探索的动力,感到很挫败。遇到这种情况时,父母就必须引导孩子重新发现自己所做事情的成就感和使命感,使他们愿意继续前行,实现能力和资源的持续增长。

每个家庭都有关于孩子成长的大目标和小目标。但是,大多数父母和孩子对一件事总是坚持不下来,最终让美好的愿望变成了遥远的梦想。基于父母的这个苦恼,我们开发过一套帮孩子养成好习惯的微行动计划,目的就是培养孩子坚持阅读的习惯。这套微行动计划的内容包括:

- ☆ 父母在孩子成功打卡一段时间后,将孩子的阅读成就和感悟打印出来,贴在家中醒目的位置;
- ☆ 孩子认真阅读30本书后,为孩子拍摄视频作为纪念,并分享到家庭群当中……

这些方法都能有效地增强孩子的成就感,让孩子获得坚持阅读的使命感，真实地感受到"我能行""我可以胜任""我能够做得更好"……孩子的这些想法都会转化为复利思维，从此拥有源源不断的学习动力。

关于复利思维，父母要做的，是通过恰当的教育方式，让孩子大概率地处于一个足够长的坡上，并持续地投入能被"滚"起来的雪，然后等待孩子在成长的岁月中，依靠自己的实力不断积累经验，收获时间的礼物。

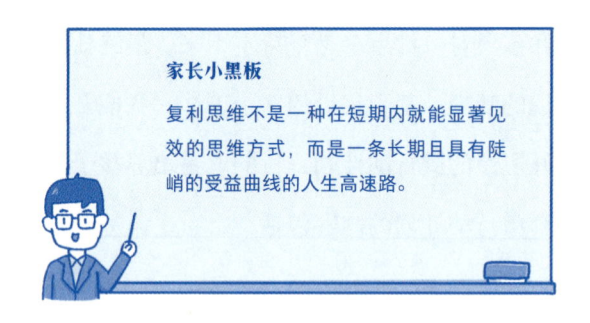

> **家长小黑板**
> 复利思维不是一种在短期内就能显著见效的思维方式，而是一条长期且具有陡峭的受益曲线的人生高速路。

适应环境：
适应和拥抱变化，在逆境中强健生长

美国著名的管理学者彼得·圣吉讲过这么一个故事：

有一个人掉进了瀑布下面的漩涡里，寒冬腊月，冰水刺骨，出于人本能的应急式反应，他奋力地想要游到岸上去。可是，漩涡的力量太大，他无论怎么努力挣扎也无济于事，最后，他筋疲力尽，冻死在冰冷的水里。而在他死后不到一分钟，尸体就在岸边被发现。

在他生命的最后十几分钟尽力想做到的事情，在他死后一分钟就做到了。

无论人如何挣扎，水都被漩涡所控制，这是一个系统的力量，人的力量再强大也无法强过这种系统的力量。

这说明了一个什么道理呢？

人在复杂的大系统面前，要学会弱控制。

老子说："为无为，事无事。无为而治，无事而取。强大处下，柔弱处上。"意思是说，人要学会放手，而不要想控制周遭一切，这是一种顺从合道的状态。在复杂的系统性控制力下，光靠人为力量这种单向度的努力是远远不够的。父母还必须引导孩子顺着系统的力量，认识复杂世界的规律，提升自身的韧性。

第一，带着孩子拥抱变化、面对困境。

爱因斯坦说："一个人最高的本领就是适应客观世界的能力。"

小的时候长辈经常说：人生无常，胜败乃兵家常事。这是我非常欣赏的一种人生态度。人际关系和周遭事物的变化常让我们措手不及，一个人能拥抱变化、穿越环境的抗逆能力是非常重要的。

很多人都听说过褚时健先生的励志故事，也对他 74 岁重新创业、种植出来的褚橙赞不绝口。我每次吃到褚橙时，都可以感受到一种精神，这种精神背后所蕴含的，是一种在逆境中不断成长、适应和拥抱变化的抗逆能力。

美国心理学会曾指出，抗逆能力就是个体面对生活逆境、创伤、悲剧、威胁和其他重大压力时的良好适应能力，它意味着人可以从困难中恢复过来。而一个能够适应环境、拥抱变化的人，也一定是内心强大的人，不论在任何环境中，都可以强健地生长和发展。

当然，这种能力不完全是天生的，需要后天的培养和巩固。所有父母都不希望自己的孩子未来人生中遭遇任何困难和不幸，但人生无常，无论怎么努力，我们也无法规避那些随时随地出现的突发情况、不利情况，我们也无法保证孩子一生都处在保护之下。

因此，父母要重视培养孩子的这种能力。在这个问题上，很多父母容易陷入误区,认为要让孩子变得更坚强、有韧性,就要不断对孩子进行打磨,结果便迈入了一个极端:孩子受不了挫折,就是孩子的问题;不管遇到什么问题,孩子都必须坚强。结果,孩子经受不了打击,教育也起到了反作用。

再说一个我的真实经历:

> 我曾经参加过一次家长咨询讲座。其中有一对父母,都是老师出身,但一直担心孩子因为父母是老师而骄傲,于是对孩子从小就严格教育,要求特别高。
>
> 他们告诉儿子,爸爸妈妈不允许他做任何事半途而废;回家一定要先写作业,如果没写完作业,任何事都不能做;考试如果达不到要求,就严厉批评,决不赞美;孩子遇到困难解决不了,向父母求助,他们很少给孩子实际帮助,要求孩子必须自己想办法解决……结果,孩子不但没有因此而变得优秀,反而变得自卑、胆小,遇到一点儿问题就焦虑得睡不着觉。

听起来这对父母是为孩子好,但却给孩子的成长造成了很大的伤害。

培养孩子适应环境、抵抗挫折的能力，并不是一味地制造挫折和压力，逼迫孩子去承受，而是要掌握科学的方法。

第二，不做"直升机父母"，给孩子独立成长的机会。

我们都知道，父母不论多爱自己的孩子，都不可能替代孩子去过他们的人生。因此，对孩子成长障碍最大的是"直升机父母"。

"直升机父母"就是指那些过度介入孩子的生活，每天都像直升机一样"盘旋"在孩子身边，时刻关注孩子的行为，并对孩子的行为指手画脚的父母。

"直升机父母"最大的特点，就是希望能掌控孩子所有的事情，对孩子做什么都不放心。表面看，这类父母十分负责，时刻关注着孩子的衣、食、住、行，可谓事无巨细。但是，孩子的世界远比我们想象的大，也不是我们能掌控的。父母过度参与孩子的成长，一定是弊大于利，而其中最明显的弊端，就是损害孩子控制自己的注意力、行为和情绪的能力。

我曾在电视上看过一个演员的访谈，这个演员已经40多岁了，但是却在妈妈的强行照顾下，过着巨婴般的生活。这位妈妈自诩自己干着两个菲佣的活儿，会持续十几年为儿子每天早晨 4 点钟起床熬梨水；带着电磁炉，跟着剧组为儿子做饭；禁止儿子拍打戏，怕儿子受伤……可以说，她对儿子的干预和控制几乎到了令人窒息的地步，导致儿子时常处于崩溃边缘，甚至对着妈妈大喊："你这样会搞死我的！"

这位妈妈就是典型的"直升机父母"。这类父母培养出来的孩子不但平庸，做事还缺乏内在的动力和兴趣，容易放弃，经常会陷入自我怀疑和自我否定的泥潭。

我们不能把孩子养成温室中的花朵，更不要试图成为孩子的翅膀替他飞翔，而是让孩子拥有自己的翅膀，学会自己飞翔。当父母放弃控制那一刻，放弃对孩子"拥有"，相信他"可以"的那一刻，正是启动孩子掌舵能力的关键时刻，这比任何航海地图和直升机都重要。

第三，鼓励孩子勇敢承担责任。

世界冠军刘国梁的女儿，从小就喜欢高尔夫球，6 岁开始参加世界级赛事。在比赛期间，小女孩也经历了无数困难和失败，但每次她打不好后，不但不会哭闹，还跟安慰她的妈妈说:"哭有什么用?打好第二杆不就行了!"

刘国梁在指导女儿打球时,经常告诫女儿:"打乒乓球时有句话,'我不好无所谓,我只是让你更不好'。可在打高尔夫时,你控制不了别人好不好,你必须让自己好。"

这个"好",除了本身的技能之外,还有良好的心理素质。

不同的人在面对陌生的环境时,通常会有两种不同的反应。

一种反应是:这个环境里有太多的问题了,为什么不能按照我的想法去实现?我的想法是完美的!你们都需要改变!

第二种反应是:这个充满问题的环境里有太多我可以发挥作用的空间了,我可以获得非常大的成就和成长!

这两种不同的反应,几乎决定了一个人能否快速地在环境当中成长和成熟起来。

总是习惯把问题和责任推给他人的人,永远不会发现自己的问题,而且挑别人毛病是件极其容易的事,但永远不会让自己变得更聪明或者更厉害。

相反,那些遇到问题能够主动思考本质、主动承担责任(我来做点什么!)并且善于总结经验的人,最终会获得成长。

即使智慧如刘国梁，在训练女儿的球技时，也在提升她的内在驱动力和耐挫力，让她在面对失败时能有一颗平静淡定的心：这一杆打不好，还有下一杆。

比如，对于做家务这件事，我们就可以跟孩子讨论一下，孩子作为家庭的一分子，是不是应该学着做一些家务，既能帮父母承担家务，又能体现出孩子作为家庭一分子的主人翁精神？如果孩子需要承担，那么孩子需要为哪部分家务负责，不需要为哪部分家务负责？如果孩子没有负起责任，做得不好，结果会怎么样？孩子在做家务过程中遇到了困难，该怎么解决？……

这些都可以锻炼孩子的责任心，让孩子懂得为自己、为他人负责，并养成习惯。当孩子走向社会后，也能对自己所做的事、所面对的工作和所接触的环境产生责任感，继而调整自己的状态，快速适应周围的变化。

思维误区 等孩子长大后，自然就懂得怎么为自己负责了。

重新定义 应该从孩子很小的时候就培养他为自己的事情负责，或者为自己参与的事情负一部分责任，引导孩子学着分析事情的发展轨迹。

第四，帮助孩子建立积极的内部应对机制。

前段时间，我在网上看到一个小视频：

视频中的小女孩正在哭着控诉爸爸的缺点："爸爸，你有时会让人不开心，这一点很不好，你能改掉吗？"

爸爸回答说："不能。"并且给出了自己的理由："爸爸是为你好，爸爸不希望你成为温室里的花朵。生活在温室中的花朵虽然漂亮，被人精心照顾，可一到外面，被风吹日晒后，马上就枯萎了。小孩子也一样，如果不经过磨炼，以后就没办法应对生活中的困难。"

可是小女孩并不认同爸爸的观点，仍然委屈地说："可小孩子如果经常不开心，是会得不开心病的，也不能健康长大呀！"

这是关于著名的"温室里的花朵"的争论。

看完这个小视频后，我很佩服小女孩冷静的分析和辩解，但同时我也在想：这位爸爸的做法到底对不对？

爸爸的教育出发点也许是好的，不想让女儿经不起风吹日晒，所以对女儿进行挫折教育。我还听说有些极端的父母在孩子很小的时候带他去极其恶劣的环境中挑战生存极限，希望他日后可以变得更强大。但是，如果培养孩子抵抗外界环境的能力是以孩子的快乐为代价，那么这种教育方式并不值得提倡。

要想让孩子真正具备在逆境中生长的能力，只强调坚韧、勇敢、抵抗挫折等，对孩子的教育意义并不大。它不仅需要父母给予孩子外在的训练，还要帮助孩子建立内在的动力和希望。外在的训练、学习、尝试，加上积极的内部应对机制，如自我效能的突破、乐观自信的心态等，两者共同作用，才能让孩子形成强大的心理。

我们现在可以说一下结论了：

> 孩子在做任何事或任何决策时，理性科学的方法不可缺少，积极的态度和乐观的心态同样重要。想要做好，就一定要向前看，不要太在意已经发生的事，要让孩子明白：当下的选择应该服务于未来的利益。当孩子具备了这样的状态时，他才能一直向更高、更远的方向前行，收获更多、更丰盛的人生成果。

本章小结：做个"能成事儿"的人

> 📖 小故事

聪明人为什么无法成功？

我有个亲戚，聪明能干，肯吃苦，善交际，对机会的嗅觉也很敏锐，在过去几十年几乎参与了所有热门的事情，然而最后却没有太大的成就。感慨之余，我也会想，这到底是因为什么呢？

我有个朋友，名校毕业后进大公司工作，不久开始创业，项目不错，也拿到了融资，中途也不断根据情形切换赛道，但就像足球前锋在大门口晃来晃去，始终进不了一个球。按理说，这么优秀的人，有智商有能力有资源，没道理不成功呀？

如果非要总结一下"聪明人为什么无法成功"，在"能成事儿"这方面略欠火候，也许是原因之一。

如何让孩子成为"能成事儿"的人?以下有三个教育宝箱,请收下。

第一个宝箱:以资源有限为前提去实现目标

传统教育给孩子最大的一个误导是,以为这个世界的难题都是有充分条件、有标准答案的,但事实并非如此。

现实生活中的实际问题,不管是商业的、生活的,还是科学的、人文的,已知条件都不够充分,而且到处是约束,资源也有限。这里的约束,首先是科学规律的约束,还有时间约束、财力约束、资源约束、竞争约束、行为约束等等。梦想和现实的距离,商业上的投入产出比,也是约束。

所以,要想成为一个"能成事儿"的人,需要熟练地在约束条件下进行思考和行动,以资源有限为前提去实现目标。

第二个宝箱:胶带纸思维

"胶带纸思维"的灵感来自《火星救援》。这部科幻电影讲的是高科技，然而数次拯救男主角的，却是貌似不那么高科技的"胶带纸"。太空面罩裂了，拿胶带纸粘上；栖息舱炸了，也拿胶带纸来补；后来用帆布罩着敞篷的返回舱升空，也是胶带纸思维的运用。

《火星救援》给我们的启发是：关键时刻，随手能用的东西，比虽然很厉害但不顺手的东西好 100 倍。要想成为厉害的人，你并非要事事完美。恰恰相反，你应该学习的，是面临困境时的秘密武器："如果一个蠢方法有效，那它就不是蠢方法。"

第三个宝箱：从目标倒推路径

不能成事儿的主要原因，是半路被卡住了，被眼前的事吓倒了，抑或因为前面根本找不到路。

要想成事儿，需要从目标倒推路径，不在乎眼前的"可能性"。具体做法是：有了目标，再倒推路径，找到关键节点，定义关键任务。也就是说，知道做什么，比知道如何做更重要。

根据目标倒推路径，就能够知道，哪些节点可以绕开，哪些非拿下不可。如果这时发现拿下的可能性不大，该怎么办？拿出胶带纸,先粘上再说。

所以,能成事儿的人,胸中有理想,眼里有大局,步伐坚定,不怕弄脏双手,心底坚忍不拔。

> 小练习

家庭旅行团计划

让孩子为全家设计一次旅行,远近皆可。

本次小练习步骤如下:

1. 选择目的地,研究攻略,设计旅游路线图,列出详细的时间表;
2. 做好预算,安排好吃饭和住宿,如有需要提前购好门票;
3. 出门前列好旅行清单,自己动手装好行李;
4. 作为小团长,孩子可根据途中实际情况调整原有安排,做出新的选择;
5. 结束后,写一篇攻略型游记,发表在旅游网站上。

金钥匙 5 ｜幸福
爱是孩子最强大的生命力

幸福是生命本身的意图和意义，是人类存在的目标和终点。

—— 亚里士多德

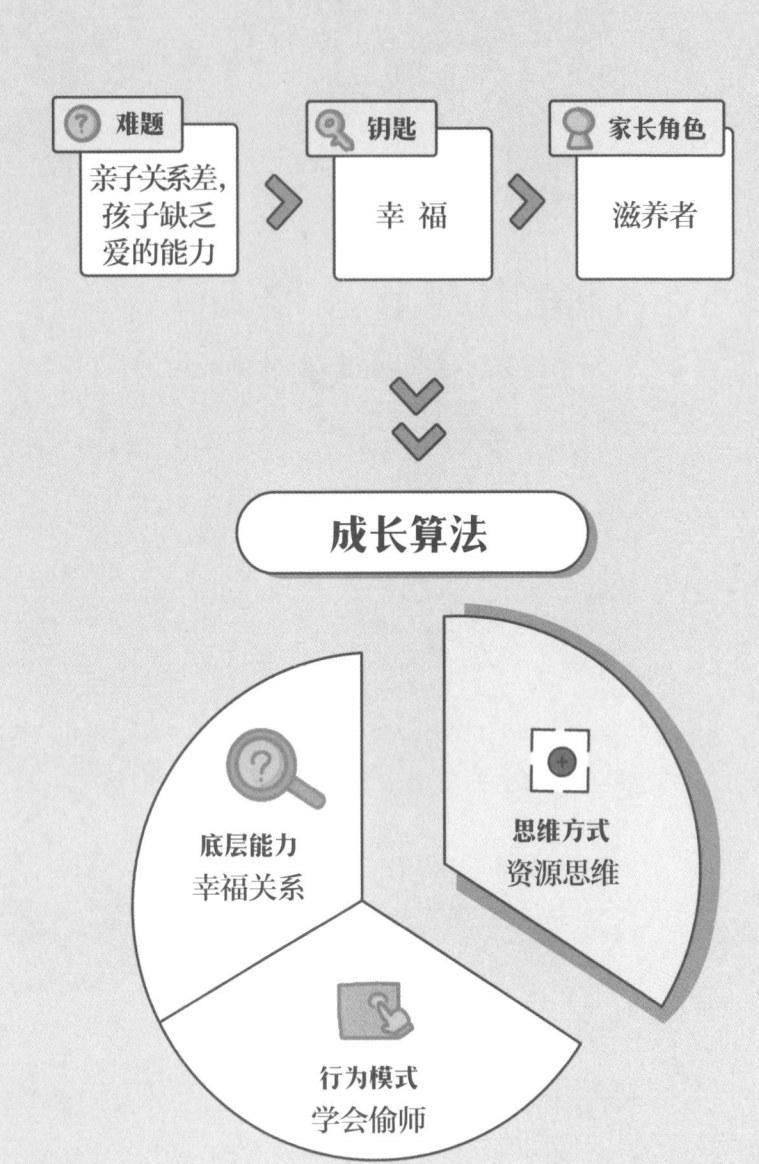

```
难题:亲子关系差,孩子缺乏爱的能力  >  钥匙:幸福  >  家长角色:滋养者
```

成长算法

- **底层能力**：幸福关系
- **思维方式**：资源思维
- **行为模式**：学会偷师

我们在做未来春藤家长社区的过程中发现，在教育孩子这件事上，家庭与家庭之间的信息差距，简直比地域和学区房之间的差距还要大。每个家庭对孩子的教育方式，几乎都存在一个较大的"隐私性"，大家都习惯于关起门来教育孩子，这也导致父母在教育资源的获取方面很闭塞，即使本人是很优秀的父母，在教育孩子时往往也处于"小白"级别。简而言之，家庭教育就像一个盲盒，众多父母都在用一种不断试水踩坑的方式去打开它。

尤其在最近两年，因为疫情等多方面因素的影响，离婚率不断攀升，父母之间的养育分歧、孩子与事业之间的侧重取舍等，让父母更加焦头烂额。在这种情况下，父母对孩子的教育也出现了很多问题，甚至会陷入极端，其中最明显的三种极端就是：

- ⭐ 对孩子过度忽视，不管或者没有精力管，对孩子放任自流。
- ⭐ 对孩子过度溺爱，以为爱可以弥补一切，对孩子的要求无限满足。
- ⭐ 对孩子过度教育，成了盘桓在孩子头上的"直升机"，时时刻刻关注孩子。

这不仅导致亲子关系差，更严重的是影响孩子的身心健康，使孩子丧失爱的能力，将很难获得幸福的人生。

都说家庭教育是孩子一生的起跑线，但我认为，家庭教育的作用更像是孩子生命和成长的土壤，而不是起跑线。孩子就像一粒小小的种子，会向着太阳的方向自发成长。但是，一个孩子从一粒种子成长为参天大树前，是否具备了吸收养分的能力，是否拥有向上生长的动力，家庭这片土壤关系重大。

家庭这片"土壤"需要给孩子这粒种子提供什么呢？爱、信任和引导。这是一个孩子终身受益的资源系统。它能让一粒种子把自己的根深深埋藏于土壤之中，充分吸收土壤的营养，从种子变成小树苗，直到成为参天大树。

作为父母，我们怎样帮助孩子充分获取成长的养分和向上生长的动力呢？

我在本书给父母提供了第六把金钥匙。它的核心是帮助孩子掌握主动成长、获得幸福的能力。父母可以在三个成长关键词上多加用心。这三个关键词是：

幸福关系：给孩子安全感和爱，就是给了孩子幸福人生的基石。

资源思维：养育一个孩子需要"全村人"的努力。

学会偷师：找到导师，成长的路上不迷路。

幸福关系：
给孩子安全感和爱，就是给了孩子幸福人生的基石

日本曾经发生过一起无差别杀人事件，据当时的新闻报道，事件的犯罪嫌疑人在上中学期间，正是我们眼中的"别人家的孩子"，一个非常优秀的中学生。

但是，由于从小在学习方面就被母亲严格要求，孩

子便想当然地认为，只有自己成绩足够好，才能得到母亲的爱。到了高中之后，他发现很多同学的成绩比自己好，自己一下子不再是优等生了。于是，他陷入了强烈的自卑之中，不仅如此，他还认为母亲已经不再以自己为骄傲，自己再也不值得拥有母亲的爱，为此变得极其焦虑、暴躁。最终，他自暴自弃，走上了犯罪道路。

阿姆斯特丹大学的相关研究人员在2015年的一项研究报告中就曾指出，一些孩子的父母会让孩子知道他们被深深爱着，这些孩子具有更强的自信心、自尊和幸福感。

安全感让孩子容易信任他人，抗击压力

英国有一位专家专门研究那些对儿童实施性虐待的成年人，他惊讶地发现，大多数成年侵犯者的童年都十分凄苦，得不到监护人的呵护和关爱。这些孩子因为从来没有体会过被人关心的感觉，也就没有形成对其他人、对社会的安全感和信赖感，这也成了他们成年以后不断攻击、侵犯他人的主要原因。

与之相反，那些从小就得到过很多爱的孩子，不但会形成良好的安全感和归属感，在成年后也会更乐观、自信，并具有

"信任他人的能力",同时具有较高的自尊,更能承受心理压力,能更好地接纳自己。

有的父母可能会担心:给孩子过度的爱,会不会就是对孩子溺爱?这样会不会宠坏孩子?为了不"宠坏"孩子,他们的操作方式往往是一个唱白脸、一个唱红脸,一方对孩子表达爱和宽容,另一方则严厉地对待孩子;要么就对孩子提出各种条件,比如:"你学习好,妈妈就爱你。""你听话,爸爸妈妈就爱你。"

殊不知,父母对孩子的爱本就应该是无条件的。听话不是条件,分数不是条件,排名不是条件,成败也不是条件。以爱的名义去威胁孩子,只会让孩子失去最基本的自尊、自信和安全感。

事实上,我们对孩子从来就没有"过度爱"这回事,即使我们对孩子的爱是完全无条件的,也不等于过度爱,而是意味着我们完全接受孩子本来的样子,包容孩子、认同孩子、接纳孩子。这里有个特别重要的顺序,就是孩子只有充分获得爱和安全感后,才更容易接受社会教育,未来才有能力让自己幸福,成为一个优秀的社会人。

当然,爱孩子是每一位父母的本能,但要做到真正有策略地爱孩子，让孩子幸福地成长，我们仍需要掌握恰当的方式与方法。

> **思维误区** 给孩子过度的爱，是对孩子溺爱，会宠坏孩子。要不断给孩子提感情交换条件。
>
> **重新定义** 父母对孩子的爱本应该无条件。爱孩子本来的样子。

爱是给孩子平等和尊重

很多父母觉得，自己也很爱孩子呀，孩子缺什么就给什么，需要什么就买什么，甚至自己省吃俭用，也要满足孩子的需求。这不就是无条件的爱吗？可为什么孩子却变得越来越肆无忌惮呢？

还有的父母觉得，自己爱孩子的方式就是"棍棒 + 甜枣"，孩子犯错时严厉惩罚，之后再安抚一下，这样才算是合理地爱孩子。可是，孩子为什么会变得越来越自卑、越来越懦弱呢？

到底怎么爱孩子才是最恰当的呢？

哈佛大学心理学硕士张璐在"春藤家长"App 的一堂"哈佛亲子情商课"中提到：尊重是爱，接纳是爱，信任是爱，看见是爱，珍惜是爱，联系是爱，共情是爱，慈悲是爱，臣服是爱。

简单地说，爱的方式有很多种，但爱的原则只有两点：平等和尊重。

首先，我们要把孩子当成一个独立的个体来对待。孩子有自己独立的人格和思想，我们只有和孩子站在同一水平线上，孩子才有可能感受到平等和尊重。

但是，很多父母却往往扮演着过来人的角色，对孩子事事"专政"，认为孩子就应该对自己言听计从。殊不知这种不平等的方式，恰恰会妨碍孩子健康成长。

我们来看一下一位西方的父亲，是如何在自己和妻子要单独外出时，说服年幼的孩子在家等待的。

> 他先蹲下身来，一本正经地对孩子说："先生（他称自己的儿子为'先生'），妈妈已经陪你一周了，是不是可以放松一下了？"
>
> 孩子想了想，说："是的。"
>
> "那么能不能也让她陪陪我，顺便也放松一下呢？"
>
> "那好吧，但是你什么时候还给我呢？"
>
> "在你睡觉以前吧。"爸爸说，"如果你能够说服阿姨，

允许你晚睡的话。"

"好的,那你带她去吧,但你要答应我照顾好她哦!"

"没问题。顺便说一句,宝贝,我为你骄傲!"

这位爸爸在与孩子沟通时,完全是和孩子站在一个平等的角度,用商量的口吻与孩子对话,从而让孩子得到了尊重,自尊心得到了保护。他感觉自己就是个大人,所以也很好地控制了自己的情绪,不让爸爸失望。

思维误区 爱孩子的方式是"棍棒 + 甜枣",孩子犯错时严厉惩罚,过后安抚。

重新定义 和孩子站在一个平等的角度,用商量的口吻与孩子对话。

这就提醒我们另外一点,在面对孩子时,不要不经过孩子允许,替孩子做任何他应该自己做的事情和决定,对孩子的事情包办代替。一旦孩子表现出独立和自我意识,就指责孩子任性、执拗、不听话,这不仅会引起孩子的抵触,与父母发生冲突,还会压抑孩子的独立性,使孩子变得懦弱、依赖。

孩子希望父母能与他们交流，但不是高高在上的姿态，而是以一种平等的、尊重的方式进行朋友式的交流。如果是孩子可以自己做决定的事情，一定要允许孩子去尝试。如果父母担心太难的事情他做不好，可以做出示范，跟孩子一起头脑风暴。久而久之，孩子不但更有独立性，跟父母的关系也会更加亲密。

爱是能看到孩子内在的真实需求

在一期《少年说》里，高二学生梅思颖是一名体育生，在市里的田径比赛和足球比赛都拿到了第三名的好成绩，尤其标枪比赛，是她拼尽全力、超常发挥才得到了铜牌。

拿着沉甸甸的奖牌回到家，她本以为会得到妈妈的表扬和称赞，然而妈妈非但没有认可女儿的努力和成绩，还苛刻地问："你为什么没有拿第一？而且参加活动还影响了学习，这有什么可炫耀的？这就是不务正业！"

听出来女儿的委屈，妈妈在台下说：

"妈妈只是希望你能变得坚强。"

"都没拿到第一名,你还高兴呢!"

"就这一次考得好,你不要骄傲啊!"

"妈妈可以奖励你,但下次你要再前进五名!"

"说来说去,我这不都是为你好嘛……"

"我都是为你好",这句话父母一定不陌生吧?然而就是这句看似真爱孩子的话,却成了"绑架"孩子最权威的理由,也成了中国式父母最具杀伤力的一句话,这句话同时也限制了无数中国孩子的自我发展。在这种家庭中,父母总是根据自己的主观意识去爱孩子,觉得"我所做的一切都是为你好",虽然你取得了不错的成绩,但我害怕你骄傲,所以要给你泼泼冷水,打击打击你,让你清醒一下,以后变得更好……但是,他们并没有在意孩子内心真正需要的是什么。

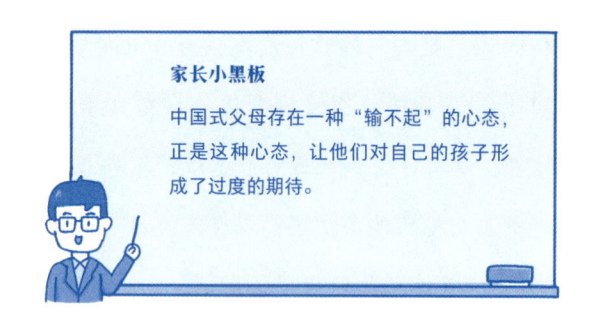

家长小黑板

中国式父母存在一种"输不起"的心态,正是这种心态,让他们对自己的孩子形成了过度的期待。

在这种情况下，孩子的安全感和生命价值完全依赖于父母的评价，一旦被父母批评，孩子就会认为自己不被接纳、不配被爱，没有价值。长期在这种家庭环境下生活，孩子也会慢慢丧失安全感，变得自卑、紧张、焦虑，不知道怎样才能从容地去爱人和被爱，也难以体验到应有的自信和幸福。

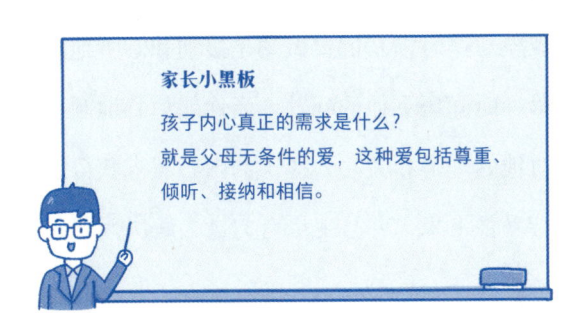

家长小黑板
孩子内心真正的需求是什么？
就是父母无条件的爱，这种爱包括尊重、倾听、接纳和相信。

发展心理学家埃里克森提出，这种信任感是人类发展中不可缺少的情感，也是人类最先培养的情感。他说，无论如何，人只有获得这种能力才有希望，才能度过幸福的人生。因为一个具备信任感的人才有不可动摇的自信，人生无论遭受多少磨难，他也能超越。

如果你能给予孩子不求回报的爱，孩子就会明白：一定是自己很棒，才值得父母这样爱自己，值得父母愿意投入大量的时间和精力来陪伴自己、倾听自己。而且，在这种爱的影响下，孩子还会形成许多优秀品质，如大局意识、自律品格等，同时也更主动、乐观，更容易感到快乐。

爱是经常倾听孩子的心声，鼓励孩子说出自己的想法

孩子在成长过程中，总会不可避免地遇到各种问题，出现情绪化现象。这时，我们要做的是接纳和倾听他的情绪，而不是试图第一时间压下他的问题。当你能耐心地倾听孩子的感受，表达对他的理解和关心，孩子的内心需求获得了满足，情绪自然就会平稳下来，并且也更有力量去解决问题、探索未知的世界。

与此同时，我们还要善于与孩子共情，引导和鼓励孩子说出他的感受和想法，比如问孩子："你觉得怎样才能减少你的担心呢？""我知道你现在很难过，你需要我帮你做些什么吗？"

马歇尔·卢森堡博士就认为：

在亲子矛盾中，父母应该转变谈话和聆听的方式，不再条件反射式地反应，而需要明了自己的观察、感受和愿望，有意识地使用语言。

无条件地爱孩子，不意味着你每天都把"我爱你"挂在嘴边，而是要用行动表达出来，向孩子证明你爱他。这才是爱的正确表达方式。

有些时候，孩子也会对一些问题提出自己的看法，这时即使你不认可他的看法，也不要直接否定，这会打击孩子的自信和独立思考能力。此时不妨多问一句："为什么你会这样想？"鼓励孩子深入地思考问题和表达想法，也许在孩子说完自己的想法后，你发现其实也不错。这时别忘了给孩子一句肯定的回答："这个主意真不错！""你要不要尝试一下？"这会让孩子更加自信，认为自己也能想到好主意。

如果一个孩子知道如何去获取一样东西，如何找到解决方案时，他对这个世界就会充满安全感，拥有原始的自信，相信自己可以应对这个世界。

总之，只要孩子相信自己是被爱的、值得爱的，也知道自己可以成为自己想成为的人，他就会拥有足够的安全感和自然成长的动力，也会成为一个不断去寻找方法和主动解决问题的人。

作为父母，我们确实需要有静待花开的自信和耐心，做一个真正无条件的关爱者和陪伴者，等待孩子的花园盛放。

资源思维：
养育一个孩子需要"全村人"的努力

2011年日本地震之后，一些专家发现，原本患有发育障碍的孩子，反而在地震之后变得身体健康、精神稳定了。

专家们认为，发生这些变化是因为地震之后孩子身边的大人们加强了和周围人的关系。原本连对门的邻居都不认识的大人们，支起帐篷，互相帮助，打破了人际交往的那一层玻璃，人心凝聚在一起。这种氛围带来的安宁和幸福，对儿童的心理健康起到了决定性作用。

美国精神科医生哈利·斯塔克·沙利文曾说过：人只有在人际交往中才能找到自己存在的意义和生存价值。而孩子如何发展，需要怎么做才能取得成功，这一切与孩子所生活的社会，以及社会如何支持、帮助家庭和个人密不可分。换言之，养育一个孩子需要丰富的资源，甚至需要依赖"全村人"

的努力。

人的成长本来就是社会性的,人在成长和生长中,需要做出各种努力,寻求各方帮助,才能获得在地球上的生存优势。

而如今,表达和沟通已成为人与人之间实现信息和资源共享的基础,善于从自己的成长环境中获取有利的资源,善于对各种资源进行整合,为己所用,是一个人成长的必经之路,也是自身价值被社会认可的关键所在。

所以,父母不要小看那些亲戚、邻居、街坊、朋友的力量,他们的支持和帮助,恰恰是孩子心理健康、蓬勃发展的重要养料。通常来说,孩子需要建立以下两种关系资源系统。

强关系资源系统:彼此直接影响

人是一种社会性动物,只有通过与周围人的交往,才能逐渐学会生存本领。哪怕是单亲家庭的孩子,只要陪伴孩子的一方拥有很好的人际关系和社会网络,并且与孩子之间有稳定的互相信任的关系,孩子同样可以成长得很优秀。

所以,作为孩子的陪伴者和引领者,我们必须站出来,让自己成为社会的一部分,为自己的孩子创造一个稳固和谐的社会关系网,与家人、朋友、同事、导师,以及你在遇到危机时能寻求帮助的人建立稳定的、紧密的强关系人际资源系统。这既为孩子提供了成长的养分，也为他树立了好的榜样，这将帮助他建立属于自己的人际资源系统。

什么是孩子生活中的强关系呢？

一般来说，强关系人际资源指平时互动次数多、信任度高、关系密切且经常互相帮助的人，比如，我们的直系亲属，或一起照顾孩子的人，或者是关系很好的朋友、同事、邻居等，都是强关系。对孩子来说，同班同学、兴趣班同学、一起长大的伙伴等，都属于强关系资源。

作为父母，我们如何管理这些资源呢？

首先，在日常生活哪怕是很普通的时刻都要积极维护这些关系。比如，在对方需要帮助的时候，主动给予力所能及的帮助；让孩子在这些关系中多做互动，多做分享，信守承诺，承担责任。

这样的关系管理，不但维护了关系，也锻炼了孩子的沟通能力和人际交往能力。更重要的是，这个过程还能为孩子的强关系资源系统添砖加瓦，使其更加牢固。一旦孩子处于孤立无援或者内心感到孤独苦闷的时候，能想到向他人求助，向他人寻求安慰，不至于因为挫败、委屈和伤害，而在自己的成长中留下阴影。

弱关系资源系统：打破孩子的信息孤岛

弱关系人际资源主要指那些平时互动少、信任度也不是很高的关系。

弱关系是相对强关系而言的。但是，弱关系不代表在孩子的成长中可有可无，没有价值。

社会学家马克·格兰诺维特在论述弱关系时指出，在人们实际找工作的过程中，真正有用的大多数是弱关系。因为那些你不经常接触的人，刚好在你的核心社会圈之外，提供的信息流与你平时接触的信息流不同。所以，弱关系能够从圈外帮助孩子打破强关系产生的信息孤岛的状态，为孩子提供有价值的不同信息。

如何管理好孩子的弱关系资源？

在这里我提醒父母，每个人都生活在千丝万缕的关系中，真实的社会有着非常复杂精细的体系，弱关系也是孩子成长非常重要的资源，不要小看自己和孩子身边的那些弱关系资源，必要的时候，恰恰是这些弱关系资源能为我们提供最有效的帮助。

那么，是不是孩子只要获取了这些外界资源，就能很容易地成长起来呢？

当然不是。任何关系都需要管理和经营。

拿打牌来说，打牌最后是否能赢往往取决于两个方面：一是你能否抓到一手好牌，二是你能否打好。能否抓到一手好牌，在某种意义上来说就是你的外界资源；而能不能打好，还要看你自身的本领。有些时候，不管你的牌技多么高超，但你的运气可能仍然不如那个一上来就抓到"四个2、两个王"的人，原因就在于他拥有的外界资源强于你。从这个角度来看，这把牌你是打不过他的。但从长期来看，谁最后成为赢家，还是取决于谁的牌技更高。

很多时候，我们都容易把这两件事剥离开，比方有些人特别专注于搞关系、搞资源、搞门路，但专业能力很弱；有些人觉得自己未来要走专业路线，不屑于花时间搞关系、拉资源。这两者都是不利于自身发展的。获取资源和提高自身能力，对于一个人的长期发展来说，二者缺一不可。

洛克菲勒就曾给儿子写过一段话："想要计划人生，有两个先决条件，一是设定好人生目标，即你要做成某事或者成为什么样的人；二是认清自身条件和资源；两者不断调整达到和谐。"

> **家长小黑板**
>
> 我们在培养孩子的过程中，既要帮助孩子学会充分整合和利用身边的优势资源，又要鼓励孩子不断提升自身能力，找到最适合自己的发展方向，这样孩子才能更好地自我成长与自我发展。

学会偷师：
找到导师，成长的路上不迷路

很多孩子一直到成年，从来都没有得到过强有力的帮助，这是一件很可惜的事。

当然，这也与一部分父母的教育理念有关，有些父母觉得：不需要向别人寻求帮助、凡事都依靠自己的人，才是真正厉害的人。另外，还有更深层的原因，就是觉得他人的能力都不如自己，或者寻求他人帮助是件很丢脸的事，会让自己显得很无能；也有些父母是害怕被拒绝或被伤害，于是干脆不开口，自己死扛着。

从心理学上来说，以上这些行为都是非常被动的，这种人总是过分在意别人的看法与态度，实际上内心十分自卑。因为不愿展示自己弱的一面，不愿暴露自己的自卑，才会把内心的需求深深地藏起来。

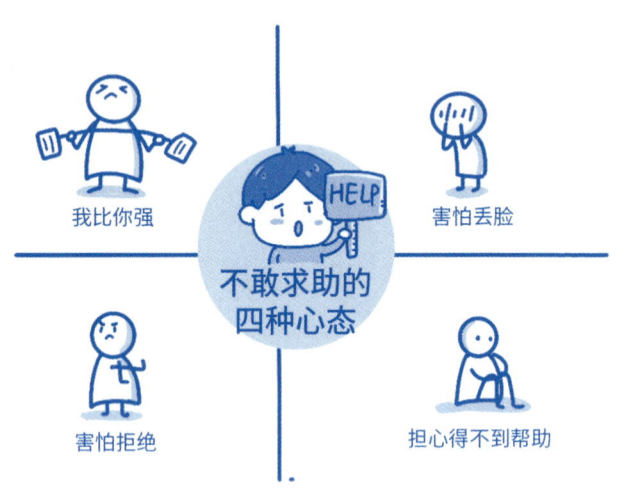

图 5-1　家长不敢求助的四种心态

而事实上，那些有能力的人、真正的强者，都会坦然地寻求别人的帮助，或者愿意从他人那里学习自己不擅长的知识，把他人当成自己的导师。比如，扎克伯格的导师是乔布斯，比尔·盖茨的导师是沃伦·巴菲特。哪怕是巴菲特这样的天才投资家，还有好友兼导师查理·芒格呢！

思维误区 不需要向别人寻求帮助，凡事都依靠自己的人，才是真正厉害的人。

重新定义 有能力的人、真正的强者，会坦然寻求别人的帮助，愿意从他人那里学习自己不擅长的知识，把他人当成导师。

也有人觉得，寻求他人的帮助是单向的，会显得自己很无能。其实不然，一般发起请求的人可能获得的是对方具体的帮助，但提供帮助的人从中获得的则是发起人的感恩之心，两人关系也会因此更进一步。也许某一天，曾经提供帮助的人寻求帮助时，恰恰他曾帮过的人给了他帮助。这样一来，双方就变成了互助关系。如果是多人之间建立这样的关系，那么你周围就形成了一个牢固的协作组织。很多组织、企业都是在互相请求帮助并响应的情况下运转的。

对于孩子来说，学会请求帮助，学会发起问题，将会开启全新的成长阶段。尤其在孩子的成长早期，如果能有几个"导师"为其引路，就像风向标和路牌一样，及时给予孩子帮助和指导，或者对孩子的学习及时给予反馈，对孩子来说都将是一件幸事。

在我看来，每个孩子在成长过程中，至少需要遇见五位"导师"：

图 5-2　孩子人生的五位导师

第一位"导师"是孩子成长的引路人。

孩子从童年成长为少年，再成长为青年，在这个过程中，会经历很多迷茫、困惑和看不清前路的时刻，这时就需要一个引路人帮助或带领孩子走出困惑。

在孩子青春期之前，父母或其他监护人通常会担任这个角色。但大多数人不知道的是，如果此时有一个父母之外的成年人能成为孩子的另一个引路人，对孩子的成长将会非常有利。尤其进入青春期后，为了挣脱父母的约束，很多孩子会与父母之间产生分歧。这时，如果有一位父母之外的成年人站出来，与孩子谈论和分析他的成长，将会帮助孩子迷途知返，避免犯下大错。

第二位"导师"是孩子的学长或榜样。

这类人一般是比孩子年龄大一些、经验丰富一些的学长，或者是孩子乐于学习的榜样。他们对孩子的影响往往是潜移默化的，在他们的影响下，孩子也会让自己不断向他们靠近。

第三位"导师"是有成就、有经验、有智慧的人。

我们知道，与巴菲特一起吃顿午餐是非常昂贵的。2019年，这个价格已经超过了3000万元。不过，一个名叫布莱恩·切斯基的年轻人在申请与巴菲特共进午餐时，不但自己一分钱没花，还令巴菲特主动邀请他吃午餐。而在此之前，他曾足足向巴菲特问了4个半小时的问题，都没有把巴菲特问烦。

很多杰出的人很愿意帮助那些积极主动的年轻人。我认识一位创业者,他就特别喜欢去拜访一些著名的企业家,或是某个领域的专家,这些人也因为他的真诚和执着,给了他很大的帮助。

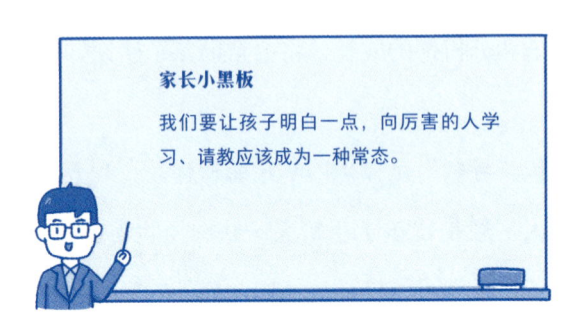

家长小黑板

我们要让孩子明白一点,向厉害的人学习、请教应该成为一种常态。

这是我们快速获取决策和经验的最佳途径。这些人的优秀也许不是因为天赋或出身,更多是因为他们后天的行为和思考问题的方式,仅就这点,足以成为孩子成长路上的坐标。

第四位"导师"是圣贤之人。

圣贤之人一般指那些著书立说的著名人物,从书本上学习知识和经验,当然也是一种向厉害的人"偷师"的方式。

几年前,哈佛商学院最优秀的一届毕业生,将自己

50年的人生经历总结成了一本书——《当时知道就好了》，其中关于教育、财富和生活的建议非常具有现实意义和参考价值。书中写道："生命的真谛并不由人类与科技、经济或金钱的关系决定，而是由人与人的交往所决定。爱、家庭、信仰与自信是永恒的主题，鼓舞人心、有经验的指导有助于我们更好地领悟这些问题。"

很多人都会因为青春年少、懵懂无知等原因，做了不少错误的事情。如果"当时知道"一些正确的方法与理念，就能避免走这些弯路。

第五位"导师"是实践教练或顾问。

除了教会自己学科知识和兴趣辅导的老师之外，孩子还需要拥有一定知识面和专业能力的人作为教练或顾问，帮助他们在一些关键节点上做好抉择。

我曾经仔细研究过完整的西方教育体系和伴生的服务系统，发现中国教育体系中有个角色是缺失的，就是"升学顾问"。

在一些发达国家的学校，无论私立还是公立，都有常驻的升学顾问，指导孩子们思考未来的职业，以此来推导孩子希望学习的专业，确定想上的大学，然后确定要选哪门课程，参加什么课外活动、实习项目，上什么夏令营，等等。

我有个朋友，他儿子就是被耶鲁大学提前录取的。朋友说，他儿子学校的升学顾问在此过程中起到了特别大的作用，他提前三四年就开始帮孩子规划路线，扬长避短，聚焦目标，分步实施，最终让孩子收获了超出预期的大学录取通知书。

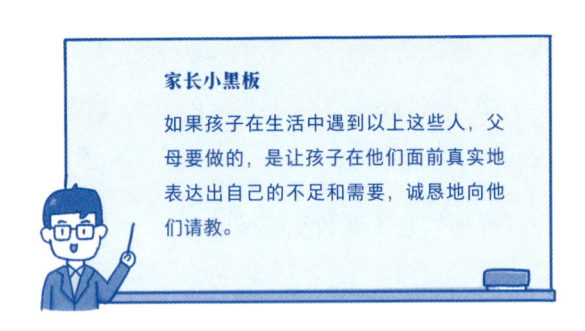

家长小黑板

如果孩子在生活中遇到以上这些人，父母要做的，是让孩子在他们面前真实地表达出自己的不足和需要，诚恳地向他们请教。

但是，我国的公立教育体系缺少这个重要角色，大多数孩子和家庭都是懵懵懂懂随大流。时下，孩子的教育选择确实越来越多，但这也导致做决策越来越难，父母必须获取足够丰富的信息资源，才有可能帮助和指导孩子做出不后悔的决策。

既然以上五位"导师"对孩子的成长具有这么重要的帮助，孩子怎样才能跟以上这些厉害的人"偷师"，学到厉害的技艺呢?

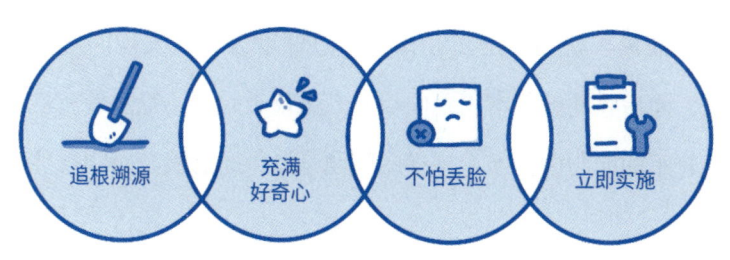

图 5-3 向厉害的人"偷师"的方法

接下来,我要以布莱恩·切斯基的例子,告诉你怎样帮助孩子向最厉害的人"偷师"。具体来说,我有以下四点建议:

追根溯源,找到权威

布莱恩·切斯基不仅曾经多次向巴菲特请教问题,还经常向其他领域的权威人士请教,在每次去请教之前,他都会仔细研究某个领域内最权威的人士,然后直接向这个人学习。也就是说,切斯基在向别人请教的时候,总是会直接找到最权威的那个人。

当然,有时他在选择导师时也会出人意料。比如,他想学习酒店管理方面的经验,却并没有去著名酒店找人请教,而是去了一家有名的餐厅，到那里去学习如何款待顾客和摆放餐具。

需要注意的是，要想做到这样的"追根溯源"，须有一个关键前提，就是一定先让孩子通过深度思考去发现问题的本质，之后才能就根本问题向权威人士请教，而不是拿着一堆无足轻重的问题去提问，这样的问题是没人愿意浪费时间帮你解答的。

充满强烈的好奇心

寻找导师，不能是为了找而找，孩子首先必须有强烈的好奇心，大脑里真的有问题想要弄清、弄懂。如果没有问题地盲目聊天，肯定是达不到效果的。

如果孩子有着强烈的好奇心，那么孩子的好奇也会引发导师的好奇。比如，巴菲特就对切斯基创立的爱彼迎非常好奇，他当时还说过："真希望这是我自己的想法。"你看，只有有了好的想法，两个人才会惺惺相惜。

你可能会说，爱彼迎那么有名，切斯基当然有机会见到那些权威人士了，而我们这些无名之辈，该怎么办呢？

其实，爱彼迎在创业初期也只是一家小公司，切斯基也曾经多次吃过闭门羹。可是，他表现出了一种不怕丢脸的学习精神，我觉得这一点非常值得我们每个人学习。

不怕丢脸

每一次请教别人时，切斯基和他的几位合伙人总是软磨硬泡，请求对方跟他们谈一谈。例如，他就曾经多次请求一家知名公司的创始人格雷厄姆和他们谈谈，但格雷厄姆很忙，并没有那么多时间指导每一个创业者。这时，他们是怎么做的呢？

他们商量一通后，决定硬闯，一定要把导师堵在办公室里，一定要与对方说上几句话。他们每次也总是第一个到，最后一个走，比别人更不怕丢脸，也比别人更加勤学好问。

你可能会说，这不是骚扰、招人嫌吗？

其实，即便是厉害的人物也是从毫无经验的小白进化来的。当看到那些勇于探索、孜孜不倦，想要寻求答案的人时，他们也会发自内心地去欣赏他们，并尽可能地为这些年轻人提供帮助。

获得建议之后，立即实施

这是最重要的一条，一定要牢记。

家长小黑板

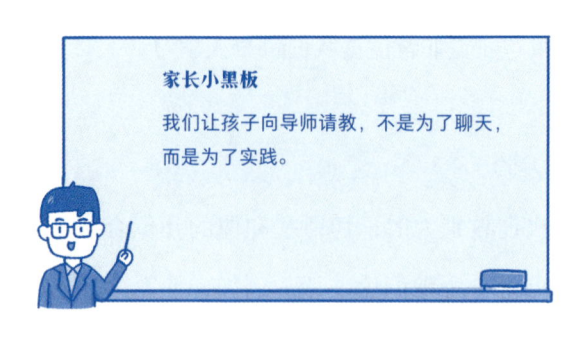

我们让孩子向导师请教，不是为了聊天，而是为了实践。

切斯基在每次见完巴菲特之后，为防止忘记巴菲特传授给他的经验，往往会在抵达机场以后立刻写一篇报告分享给团队成员。而且，他还马上把从导师那里"偷"来的智慧复制到整个公司。比如，他启动了"周日之夜系列"活动，总结一周学到的经验；他会通过邮件与全公司员工交流，让新雇员每周参加 1 小时的问与答会议；等等。这些都是他从巴菲特那儿"偷"来的经验。

在引导和帮助孩子向那些厉害的人"偷师"时，我们就可以让孩子借鉴上面的方法，并让孩子代入角色。比如，有一位企业家就曾经跟我说，当他感觉焦虑时，就会想到稻盛和夫的话："无论如何，也要让梦想成真。抱着强烈的愿望，付出不懈的努力，能力一定能提高，局面一定能打开。"然后他就会想，如果这件事是稻盛和夫遇到了，他会怎么做？他会建议我怎么做？

当孩子遇到困难，找不到方向或办法时，我们可以试着让孩子把自己正在经历的事想成一个故事片段，孩子作为其中一个角色；再让孩子为自己的故事换一个厉害的主角，换成孩子崇拜、敬重或认同的人，可以是孩子的导师或一位著名公众人物，但他们一定要有一个共同特点，就是足够勇敢、坚强和乐观。这时，让孩子问自己一个问题："如果他是我，面对这一切，会怎么做？"

这个问题一出，孩子就进入了另一个故事通道，就如同用一个带摇臂的摄像机，使孩子开始从另外一个角度重新看自己现在的经历以及预设的未来，看看会不会有什么新的可能。当孩子经常这样做后，就在不知不觉中借由一个情境和一个厉害的导师，打开了解决方法的宝箱和一切潜在的可能性。

本章小结：幸福是一种能力

> 小故事

哈佛排名第一的课程

哈佛大学曾经发生过一件有趣的事情。有一门很不起眼的课程，居然排名第一，那就是沙哈尔博士讲授的有关幸福的"积极心理学"，内容是"以科学来论证幸福是什么"。

你可能会觉得，堂堂的哈佛大学，为什么会教授这么"鸡汤"的课程，又为什么有如此多的哈佛学子愿意来学。

其实，幸福并非一种与生俱来的能力，幸福也不取决于一个人财富的多少和地位的高低。幸福是可以学习的。

在哈佛的幸福课上，沙哈尔给出了有趣的幸福模式："当前的快乐 +

未来的获益"。

如何让孩子拥有幸福的能力?以下有三个教育宝箱,请收下。

第一个宝箱:幸福不是确定性的

表面上看,给孩子好的教育,是为了让他将来幸福,让他拥有一个富足的人生。这里面有一个隐藏的预期:幸福是确定性的。

问题在于:人生不是一个安逸的小岛,而是漂泊在大海上的一艘船。想象一下,假如你驾驶着一艘船行驶在大海上,最希望这艘船是怎样的?答案不会是"安稳",而是能够在风浪中行驶。

漫无边际的大海,风浪是无法预测的。孩子要面临的变化和不确定性,和父母所知道的可能完全不一样,所以我们根本无法给孩子"确定性"的幸福,而是要引导他们学习幸福的能力。

第二个宝箱:父子如兄弟,母女似姐妹

阳光的孩子,总是来自美满的家庭。家庭和谐,父子如兄弟,母女如姐妹，互相开玩笑，有时打闹，其乐融融。

让人感受幸福的家庭氛围，大家互相交心，对孩子的情商和智商都有很大的影响。如布贝尔所说："在品格以及整个人的教育领域内只有一条途径可接近学生，这就是他的信任。"

反之，则可能出现"家庭环境性智力落后"，这个概念指的是：在一些贫穷的家庭中，儿童由于缺乏营养、情绪和智力方面的照顾和刺激而出现的轻度智力落后。

第三个宝箱：从你开始毁掉怪圈

孩子看起来漫不经心，其实内心非常敏感，也很脆弱。一旦受伤，可能就会摧毁自信，从而迷失自我，甚至一辈子都找不回来。

可是很多家长习惯于把孩子当"小孩子"，忽视他们的自尊，有时会开一些不合适的玩笑。更有甚者，有些家庭会有一些代代相传的坏习惯。我有次看到有个影评讲史蒂芬·金的小说特别关注心理疾病，并且总是一针见血地提醒读者：几乎所有的心理疾病源头都是父母，然后被一代又一代传承下去。

我发现一个问题，有些朋友非常厌恶自己父母的某些不好的做法，但潜意识里自己也变成了那样的人，接着毫无察觉地继续伤害自己的子女。那位影评的作者写道：请你站起来，从怪圈中跳出来，完成这件微小而伟大的事——把这个怪圈毁掉。

> 📝 **小练习**

拍摄微电影《我的幸福之家》

让孩子用手机来拍摄一部电影。

本次小练习步骤如下:

1. 先采访家庭成员:你最幸福的时刻是什么时候?
2. 和孩子一起,绘制一个简单的电影脚本;
3. 开始拍摄、剪辑、配乐,加上片头和演员名单;
4. 举行观影会,并评选最佳男女主角。

金钥匙 6 ｜ 希望

成为能"预见未来"的长期主义者

> 时间存在的唯一理由,是使所有事情不在一起发生。
>
> —— 阿尔伯特·爱因斯坦

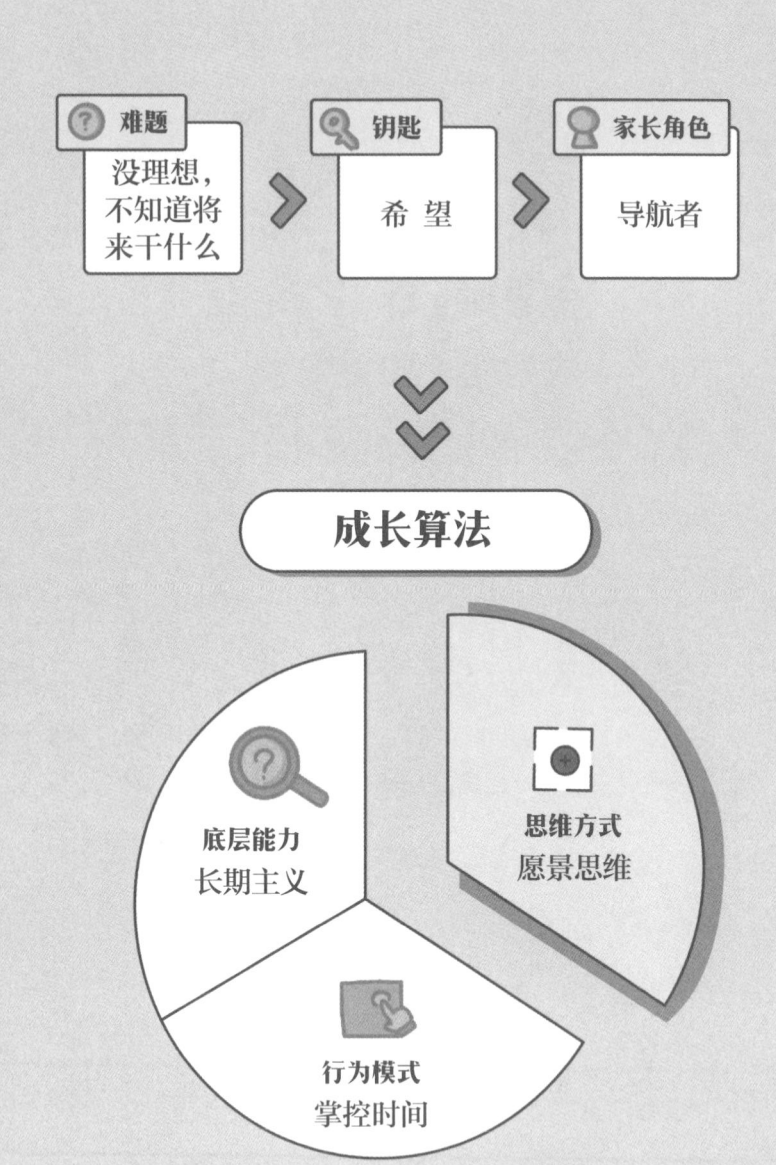

难题	钥匙	家长角色
没理想，不知道将来干什么	希望	导航者

成长算法

- **底层能力** 长期主义
- **思维方式** 愿景思维
- **行为模式** 掌控时间

我曾经看到过一则新闻：

　　上海有一位丁阿婆，由于无法忍受自己的儿子48岁还啃老，也不出去工作，一怒之下将儿子告上了法庭。丁阿婆儿子其实是一名"海归"，一直以来都是母亲的骄傲。读书时的学习成绩非常好，阿婆也很惯着他，读书期间，阿婆只要他好好学习，其他事情都是阿婆一手代劳。儿子毕业于加拿大滑铁卢大学，这是北美地区最优大学之一，可毕业七八年了，儿子都是宅在家里，一直没有出去找工作，学到的东西无处可用，也多半荒废了。就闹出来了母亲状告儿子的新闻。

像丁阿婆这样的母亲，多年养育加上大量的教育投资，最后没有一点收成，关系破裂，财务损失，实在不是一个投资，而是一场消费。其实像这样孩子最后"成年不成人"的例子不在少数。

哈佛大学曾对一群出身、智力、学历都差不多的年轻人做过一项调查，并在之后的 25 年内一直追踪和研究他们。结果发现，在 25 年里这些年轻人的人生都发生了翻天覆地的变化：

- ✰ 27% 的人没有理想，生活缺乏目标：他们一直生活在社会底层，每天抱怨他人、抱怨社会，时刻面临失业、被救济、不如意的生活状态。
- ✰ 60% 的人有自己的想法，但目标比较模糊：他们一般生活在社会中下层，能维持稳定的生活，但没什么特别好的成绩。
- ✰ 10% 的人有目标，并制订了短期的规划：他们成了社会的中产阶层，多为医生、律师、工程师、高级主管等。
- ✰ 3% 的人有明确的目标，并制订了清晰的长期规划：他们成为顶尖的成功人士，是行业领袖、社会精英。

我们至少可以得出一个结论：虽然人生的成就与很多因素

有关，但不可否认的是，目标和理想对于人生意义是巨大的。

今天的年轻人，生活优渥的居多，但内心脆弱和精神荒芜的也多。因为大多数孩子，从六七岁上学时开始，就有人反复告诉他，要把成绩作为目标。这种强调在孩子心里产生了强大的暗示："成绩是首要的，其他的我都可以不用去想。"结果等到孩子毕业，唯一的人生目标一下失去后，就会失去内心的意义感，也丧失了继续追寻和探索的动力。

一旦孩子失去了主动追寻的目标，娱乐生活带来的快感就会占领他们的心智。他们会更依赖与电子产品的互动，喜欢被动性的信息，不爱思考。这时，作为家长，我们要问自己一个问题：孩子被动而漫长的人生将走向何方？

每个人都可能拥有两种人生：一种人生像滚雪球，越来越有厚度，越来越有力量；另一种像扔雪球，如强弩之末，力量越来越小，越来越衰减。有人觉得前一种人生太累了，可事实是，两种人生对"力"的投入是差不多的，但收获会差距很大。我们都不会希望自己的孩子走上第二种人生，可实际动作一不留神就会变形。

面对以上问题，在本章中我给家长提供第六把金钥匙，它的核心内容是三个成长关键词：长期主义、愿景思维和掌控时

金钥匙 6
希望——成为能"预见未来"的长期主义者

间。我希望借助这把金钥匙，帮孩子选择第一种人生——成为一个能够预见未来的长期主义者，把人生的雪球越滚越大。

长期主义 → 愿景思维 → 掌握时间

人生复利　以梦为马　驾驭人生

长期主义：
坚守初心，永远去做最重要的事

在生活中你会发现，有目标感的人往往都是长期主义者。他们可以集中精力做最重要的事，或者选好一件事后长期坚持，不因其他的事情打扰而放弃或迷路，直到看到成果。

简单来说，长期主义就是在一件事情上树立长期坚持的思想、长期为之奋斗的观念，心无旁骛地坚持这件事。

为了帮大家更好地理解长期主义，我搭建了一个"长期主义三角模型"，这个模型的三个角分别代表长期主义的价值观、长期主义的方法论和长期主义的人生观。接下来，我们就来分析一下，这三点对于孩子的成长有哪些意义。

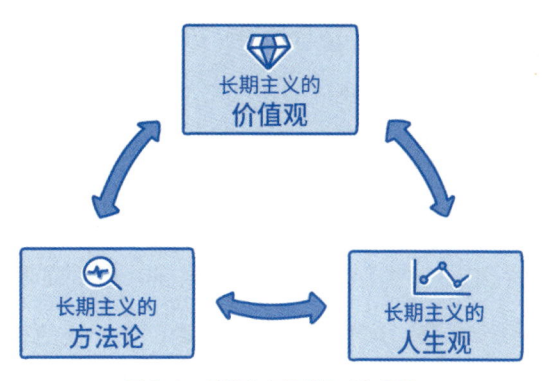

图 6-1 长期主义思维的三角模型

为孩子建立长期主义价值观

到底怎么理解长期主义思维呢？只要坚持做一件事就可以称得上长期主义者了吗？当然不是。长期主义不是为了长期而长期，而是为了找到一件创造价值的事去坚持。在这个过程中，选择什么样的事来坚持，往往比努力更重要。

有一次我与朋友聊天，谈到怎么赚快钱的话题。我说，其实赚钱是不分快和慢的，如果真有快钱可赚，而且赚得很牢靠、很安稳的话，那么谁都想赚快钱。但问题是，快钱是很难真正赚到手的，因为大多数快钱并没有真正创造价值。而不能创造价值的赚钱方式，不会持久和稳定，甚至只是一个财富假象。

思维误区 长期主义不是盲目地坚持做一件事。
重新定义 先找到长期价值最大化的路线，选择之后持续投入。

在教育孩子这件事上更是如此。很多家长会特别关注孩子考试多几分少几分。这种过分执着于短、平、快的教育方式，因为只看到了一年以内，一学期以内，一个月以内的视野，急功近利，难有恒果。家长也会将焦虑的情绪传递给孩子，引发孩子更多的不安和恐惧，导致亲子关系紧张甚至破裂。

相反，长期主义者会更看重孩子保有的好奇心、求知欲，以及孩子的长久发展。

孩子的自发成长和家长对孩子的教育，本来就是一个长期的过程，家长无法在短期内看到最终效果。而站在未来规划上回看现在，则会看到更大的图景，从而选择做对的事。这样反而能够抓住一些穿越时间的淘洗、历久弥新的东西。比如，孩子强健的体魄、持续学习的动力、稳定健康的情绪、独立完整的人格、感受幸福的能力等，这些比一时分数更珍贵。

同样，当我们发现生活中的价值元素发生冲突时，家长选择和取舍的智慧也会影响孩子一生的价值观。如果家长始终把名利声望放在最重要的位置，孩子也很容易掉到坑里。错误的选择顺序，是解锁厄运链条的钥匙。每个人都可以有很多价值元素，排好价值观的顺序非常重要。类似的"要事之尺"还有很多，当家长把时间的线拉长，拉到20年、30年、100年的视角，你就会比较容易发现那些对孩子来说更重要的事。

图 6-2　长期主义者的价值判断标准 1

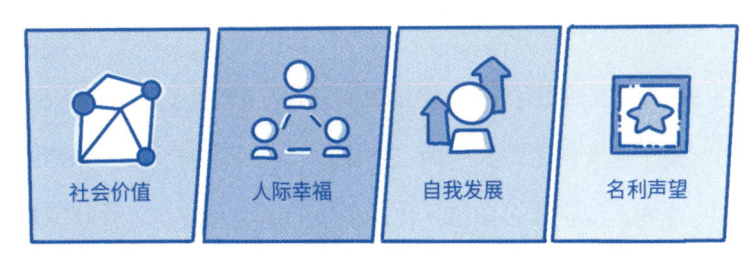

图 6-3　长期主义者的价值判断标准 2

记住，选择对余生最重要的那件事。

帮孩子建立长期主义的人生观

长期主义的人生观，就是指一个人长期以来所坚守的人生态度。一个人有了自己的人生态度，才能确立自己的人生格局；有了人生格局，才能对自己有长期评估的体系，才能根据这个体系来决定自己当下最应该做的事情是什么。

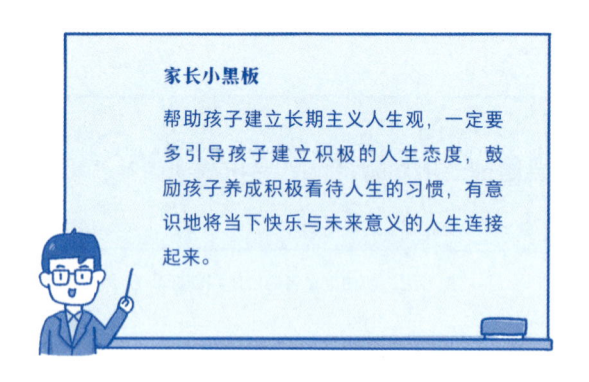

> **家长小黑板**
> 帮助孩子建立长期主义人生观，一定要多引导孩子建立积极的人生态度，鼓励孩子养成积极看待人生的习惯，有意识地将当下快乐与未来意义的人生连接起来。

怎样才能帮助孩子养成长期主义人生观呢？

关于这个问题，我有两点建议：

首先，就是要多向孩子传递积极的态度和观念，并且家长在日常生活中也要表现出这样的态度。比如，遇到开心的事情时,我们就在孩子面前表现出很愉悦的样子,并告诉孩子:"我们的运气可真好!""妈妈感觉很开心,生活很美好!"如果遇到了不开心的事情,也不要动不动就在孩子面前抱怨、指责,而是说:"虽然这件事有点糟糕,但一定会有补救的办法。""虽然这件事有点麻烦,但相信我们可以应付。"经常这样表达,就会给孩子传递出一种积极、乐观,遇到问题要积极寻找办法解决的生活态度,帮助孩子慢慢建立起一种长期的积极的人生观念。

其次,我们要教给孩子一个原则,就是:你在这个世界上所做的每件事情都很重要。这样做的意义是为了让孩子明白,不论他做什么,不论结果好坏,他都不是一无是处。尤其当一些比较重要的机会出现时,你更要积极地向孩子明确这一点。比如,孩子在花园中帮忙播种,等到种子发芽、开花的时候,你就一定要告诉他,这都是他的贡献,因为有他的努力,花才开得这么漂亮。哪怕孩子做了一件比较糟糕的事情,你也要看到其中积极的一面,比如孩子在外面踢球,砸碎了邻居家的玻璃,你就可以告诉他:"虽然这件事造成不好的影响,但如果你能及时补救,你就承担起了自己的责任,这也是一种很棒的行为,值得表扬!"

当孩子再长大一些,我们还可以鼓励他参加一些志愿者活动,通过自己的力量去帮助一些需要帮助的人。即使这些活动可能会挤掉他的一些学习时间、玩乐时间,或者是一些"以自我为中心"的活动,也不要放弃。因为这些活动可以很好地塑造孩子的品格,强化孩子的积极人生态度,并能够帮助孩子学到很多未来闯荡世界时所需要用到的实践技能。

我们做的这一切就是为了让孩子懂得:他是有能力、有价值的,也是有很多优点的。只要他能一直发展自己的能力、坚持自己的优点,未来他就会成为一个有价值的人。

运用长期主义方法论培养孩子

有一次,我跟一位朋友聊起了长期主义,他问我:"长期主义固然重要,但当下行动也同样重要。长期主义强调的是不变,而行动则需要随机应变,那我们要怎样兼顾长期主义和当下行动?"

在培养孩子方面,我也可以给家长三个理解长期主义的维度:

第一个维度,引导孩子在对的时间,与对的人一起做对的事。

只有做对的事情,长期主义才有价值、有意义;只有和对的人一起做,才能携手共进,共创价值;只有在对的时机做事,才能让长期主义运行在一个向上的周期里。

我讲一个改变我人生轨迹的故事。我大学毕业之后就自己创业，公司发展到最好阶段时，曾经和一家上市公司产生了大的业务合作。其间，我和我的团队为对方做了一个服务项目，对方总经理非常满意，但他有点为难地对我说，因为制度的原因，他们能支付的服务费用不会特别高，最多只能给出 60 万元左右的服务费。

事实上，这笔数字在 20 年前不是小数目，够我在广州买两套房子。但我当时就做了一个决定，连这笔钱都不要，而是选择与对方长期合作。因为对方的资源、平台能带给我们公司的价值非常大，这对我来说才是更可贵的。事实证明，从公司经营的角度来说，我们公司在市场品牌、服务体系、知识输出能力、规范化管理等方面，获得了更大的发展和经济收益。

做一个长期主义者，让我和我的团队，获得了更宝贵的自我发展机会。

这件事让我明白了一个非常深刻的道理：做任何事情都不能只看一朝一夕的利益，只有具备长期主义思维，与对的人一起做对的事，才能获得更大的收益。孩子的能力增长、目标实现也是如此，我们只有站在一个更长的赛道看待孩子的成长，让孩子在成长过程中的每个关键环节都能抓住机会，做对的事，才能获得更多的自我发展机会，成为更好的自己。而要做到这一点，我认为家长还要从以下方面多努力：

首先，知道怎样为孩子做减法。如果不是特别重要的事，可以允许孩子不去做，比如不顾健康地熬夜刷题，或者进行一些无意义的社交等。其次，知道如何为孩子做加法。比如，主动帮孩子链接优质的网络关系，鼓励孩子主动与心态平和、身心健康的伙伴结交，和孩子一起参加一些具有社会实践性质的学习项目等。最后，学会拉长时间线去看问题。也就是做任何事都不要急于求成，马上得到结果，而是善于看长期效果。

第二个维度，减少干扰项，鼓励孩子专注初心和喜爱的事。

一说到长期主义，很多家长马上就会想到"延迟满足"这个概念。它的意思是说，不要被眼前的利益所吸引，而是看到更长远的发展方向，从而保持自己的专注，克制自己的欲望，目的是未来获得更大的回报。

但是，很多家长却错误地理解了延迟满足的意思，认为延迟满足就是让孩子控制享乐的欲望，放弃眼前的快乐，因而在很多事情上对孩子过于苛责，干扰孩子的决定和做法。这是不可取的。

对于这个问题，我给家长的建议是：首先，把孩子的需求进行分类，给延迟满足一个充分的理由。如果孩子的要求是合理的，要按时满足，不要为了延迟而延迟。如果不能马上满足，则要跟孩子讲清理由，让他理解自己等待的原因及时间。

其次，和孩子一起把要做的事分出轻重缓急，让孩子把重要的事放在前面来完成，次要的事情要学会延迟满足。比如，在先玩游戏还是先写作业的问题上，就要让孩子自己列出完成的顺序清单，先专注地完成最重要的事——写作业，玩游戏则需要延迟满足。这样可以让孩子更加专注于当前重要的事，而不会被玩游戏的欲望所干扰。

思维误区 延迟满足就是控制欲望，限制享乐。

重新定义 延迟满足不是要求他们做什么，而是让他们清楚长期目标，为自己负责；不是监督他们做得好不好，而是让孩子自己学会用对的方式把事情做对。

从小我父亲教我一句话：玩就玩好，学就学好。现在回想起来，这个让孩子无论做什么都要专注的道理，意义非常深刻。

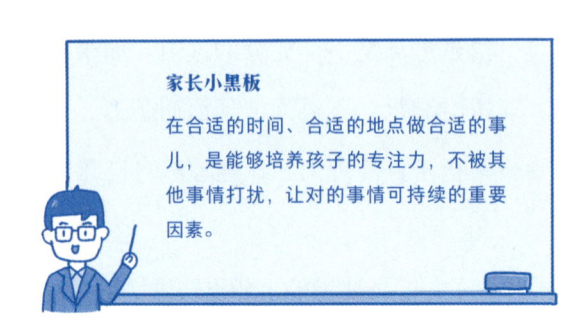

> **家长小黑板**
>
> 在合适的时间、合适的地点做合适的事儿，是能够培养孩子的专注力，不被其他事情打扰，让对的事情可持续的重要因素。

第三个维度，守拙力行，持续下去，保持迭代。

对孩子来说，当下重要的就是快速适应不断变化的环境，但也别忘了把那些重要的选择和行动持续下去。这个持续看似简单，但也最不容易实现。

这些年我虽然做过很多职业，但始终坚持做自己的"孤独大脑"公众号，坚持写作。我本来是把写作当成一个爱好，没想到一路走下来，还积累了80万粉丝，后来还机缘巧合，因为"孤独大脑"而结识了很多朋友，出了一本《人生算法》，影响了很多热爱教育的人。这种坚持，让我有机会重新创业，创立了一家名为"未来春藤"的教育科技公司。

我再次感到，很多时候，机会是由一种看似笨拙、没有心机的行为带来的。这种行为，本质上还是长期主义的最终表现——不在乎眼前既得利益，不计算一城一池的得失，收获的却是长远利益。

思维误区 时间宝贵不等人，确定的事要马上有结果。
重新定义 做长期主义者，为自己的事重新选择"截止时间"。

长期主义不是简单的坚持或持续。一个长期主义者的行为连续性是基于他对自己目标的连续性评估，而不是他短期行为的连续性。

还是以我自己的经验为例，把时间拉长来看，我的写作范畴越来越广泛，类型越来越丰富，能够带来的信息价值通过企业、读者、内容平台产生了更多沉淀，或许还有很多新的可能性因之发生。是什么，我不知道，但是对此，我怀有更大的期待，也会更长期地坚持下去。

这就是坚守长期主义的幸运之处。从这个意义上说，静待花开，并不是一句没有意义的废话，它就是长期主义者经过坚持之后开出来的花朵。

愿景思维：
看到未来，方法就会随之而来

根据这些年来我们在春藤家长社群里的调查，最让父母们困扰的问题大同小异：

"我家孩子都1岁半了，怎么还不会说话？会不会智力有问题？"

"我儿子上幼儿园了，不喜欢跟小朋友玩，会不会有什么问题呀？"

"我家孩子上三年级了，还不爱读书，就不是学习的料吧？"

"我女儿上初中后，数学就考试不及格，偏科的后果是不是很严重？"

……

这些问题让家长又纠结又担忧，生怕自己的孩子有什么问题，殊不知，这些并不是孩子成长过程中最重要的问题。为什么这么说呢？我先来讲一个小案例：

有一次，心理学家皮亚杰问上游泳课的同学："如果你掉到了水里，你认为可以保证你不沉下去的最好的办法是什么？"

一位同学情急之下回答了一连串的答案："使劲儿踩水，大声喊人来救，或者是拼命地让自己浮起来……"

"不对！"皮亚杰说，"你必须让自己向前，不要试图停留在某个地方。你必须游泳，并且要朝着一个方向。"

说实话，在看到这个故事时，我很震惊，原本我给出的答案是大声呼救，希望引起别人注意，让自己获救。而心理学家皮亚杰却给出了一个不一样的答案，也是真正衡量一个孩子"是否在健康成长"的要素：孩子是否拥有自己的成长目标和方向。

著名的发展心理学家爱利克·埃里克森指出，童年时如果培养起一种"务实的雄心和目标感"，成年时期"目标明确"，是一个人拥有"重要的个人力量"的关键标准。"愿景"是一个不在很多家庭词典里的词，但它太重要了，对孩子的教育同样不可缺少。

怎么理解愿景呢？

我们现在经常听到有人说"愿景",觉得这个词很大,不好把握,类似于"梦想",但其实这个词与"理想"相当,只是它更加指向具体的时间和规划。但愿景不是指一个明确的结果,比如孩子某个阶段的分数,录取通知书,高薪。对于孩子来说,这些都属于结果,而非目标,是不能称为"愿景"的,因为这些都无法激起人心中真正的长期方向感。

> **思维误区** "愿景"是企业才需要的词儿。
> **重新定义** 一个孩子的成长中,也需要有愿景指引。

那么,什么是愿景思维呢?

简单来说,就是有明确的理想,也能够为自己做出长期的规划。可能很多家长会说,孩子所生活的环境都在不断变化,理想也可能不断变化,规划也会随时改变,既然什么都是变化的,那愿景不就成了空中楼阁吗?这是对愿景思维的一种误读。

既然愿景思维对孩子来说这么重要,我们该怎样培养孩子建立愿景思维、看见未来呢?情绪和意识是孩子人格的一部分,但一个孩子很难天生就具备目标感。目标感不但能为孩子确定进步的方向，还能为孩子青春期创造稳定期，避免孩子在青春期神经元增多的阶段因为大脑冲动而做出危险或过激的行为。

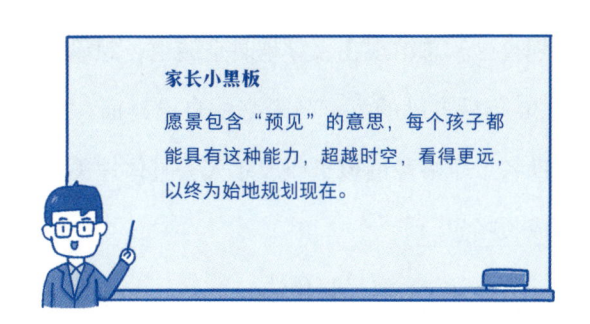

> **家长小黑板**
> 愿景包含"预见"的意思，每个孩子都能具有这种能力，超越时空，看得更远，以终为始地规划现在。

如何培养孩子的目标感呢？

我在这里为家长提供 3 个绘制愿景的小工具，帮助孩子去弄清下面四件事：

☆ 我未来要到哪里去？
☆ 我是谁，我可以是谁？
☆ 我要做成什么事？
☆ 我的所作所为要遵循哪些原则？

绘制愿景方法 1:"预见未来"思维导图法。

这个方法的主旨是如何让孩子预见未来。

通过思维导图这种思维工具,在家长的提醒和引导下,帮助孩子去列举和想象自己的目标,展开丰富的联想和规划。引导孩子规划自己,总结现在,穿越时空隧道,想象未来,到达 20 年后、30 年后自己的家,与未来的自己碰面。思维导图枚举法能帮助各个年龄段的孩子或成年人去具体地关注孩子的内在想法和成长畅想。

绘制愿景方法 2:愿景强化法。

愿景板绘图法的主旨是挖掘孩子的潜能。

家长帮孩子准备一个愿景板,让孩子尽可能地把想象中想要的一切写或者画在愿景板上,把自己向往的美好事物写在愿景板上,放在每天都能看到的地方。这个动作可以让孩子更加明确自己的"目标",并且相信自己的力量和潜能,可以拥有自己想要的一切。

不要小看这个让孩子的小宇宙爆发、向大宇宙发出信号的过程,也别小看一个孩子充分调动自己的内心和头脑去召唤一切可能性,哪怕从自己喜欢的一个小动物、一次游乐场的玩耍,或者一个可以变魔术的彩色纸杯、一个可以弹奏出美妙音乐的自己……

愿景板意味着一种启动，带着必胜的信心前进，创造更大的事物。当孩子完成了自己的愿景，向它表示感恩，表达喜悦、快乐，你就可以把图片拿下，换上新的。

绘制愿景方法3：榜样人物定位法。

每一个孩子在自己的成长中都需要自己的榜样。

愿景板绘图法的主旨是帮助孩子在各个时间段都能找到自己的榜样人物。很多孩子不是缺少偶像，而是缺少榜样。榜样和偶像是有区别的。二者的根本区别是，你想成为他还是你喜欢他。榜样的力量是孩子可以学习他们成功前做了什么，而不是像偶像那样，孩子们只喜欢他们成功后的样子。

当遇到人生中的重要时刻或者挑战时，问一下自己："如果是某人，他会怎么做？"这样可以帮助自己快速做出更好的决策；当缺少下一步的行动计划和方法时，可以看一下自己最接近的一位榜样，他在做什么，帮助自己梳理出下一步的行动方案。

孩子的一生之中可以有多个榜样。家长怎么帮孩子梳理呢？可以分段处理。因为随着孩子的不断成长，所需要的榜样也是不一样的。

拥有了愿景思维的孩子，更能够找到长远的人生意义，并且能够在各个成长阶段都善于挖掘和发现自己的渴望和动力。那些最困扰家长的教育问题，如孩子不爱学习、不会学习等，自然而然也得到了解决。

正如"圣雄"甘地说的那样："找到你的目的，然后方法就会随之而来。"

掌控时间：
面向未来，把握好当下的那些关键时刻

人生的很多重要选择，都与如何利用时间、掌控时间密切相关。如果我们不能让孩子把握好当下的一些关键时刻，很可能会影响孩子未来的一生。对于孩子来说，成长是一个长期的过程，但正因为是长期的，我们才不能用一天、一个月或一两年来关注教育的得失。短时间内的成绩不可能决定孩子一生的命运。从生命和社会系统的复杂性来说，改变随时都会发生。比如，孩子的数学成绩不好，但可能会因为喜欢一本杂志爱上写作，成为一个优秀的小说家或电影导演；孩子的英语成绩不

行,也许因为喜欢画画,成了一个独立品牌设计师,创作出记录时代的作品……但如果你只执着于孩子数学不好、英语不好这些问题,寄希望于通过短时间内的突击,能让孩子的数学、英语水平突飞猛进,哪怕付出很大的代价,长期来看,这样的做法未必可行。且不说孩子的成绩是否真能进步,就算是进步了,孩子也会感觉这是一个痛苦的过程,甚至因此而产生厌学等负面情绪。

既然未来有这么多变数,我们就没必要纠结于短时间内的成绩得失,倒不如停下来思考一下,如何把握好时间,关注当下孩子成长的每一个关键时刻,帮助孩子积攒真正能够决胜未来的品质和能力,如孩子的健康、兴趣、持久的好奇心、善良的品行等,同时也能和孩子一起度过从童年到成年前的这段难忘的美好时光。

那么,作为陪伴孩子成长的父母,我们该怎么做呢?一个重要的方法,就是主动选择那些"重要的事",放进"时间格子"。

在孩子的成长方面,我们对于时间通常有两种不同的选择:主动掌握时间和被时间掌控。我们肯定希望自己能够主动掌握时间。而主动掌握时间,首先就要把那些对我们和孩子的现在和未来起重要作用的关键事项找出来,先占住时间的坑,不要让"无效""无奈"的事情占满人生。其次是建立一个"痛苦"清单，主动控制好那些对孩子身心健康、快乐、优势等有意义的事情发生的时间和时长，将很多对人生无意义的事情主动进行断舍离。

简而言之，就是要把重要的事情放在孩子的那些重要的时间里，而把那些阻碍孩子奔向美丽新世界的陷阱移出去。

思维误区 时间是顺时针的，孩子人生中的成果或者遭遇因为有不确定性，顺其自然就好。

重新定义 时间是逆时针的，一切好事和坏事的结果都跟提前的规划与选择有关。

对于任何一个人来说，下面"时间格子"中的事情都是非常重要的。

天赋时间

那些成为"高手"的孩子，都有一条相似的天赋——优势成长链条：童年的时候，孩子会在某种玩乐或探索游戏中获得快乐，萌生兴趣。当他们的某一项技能得到了充分发挥，孩子就会萌发出相应的看起来是"天赋"的特质，这时家长"发现"这些好的表现，对孩子进行肯定和表扬，孩子更加自信，之后也会持续地有更多的投入和更好的表现。长大后，他们就会在这些擅长的领域或技能方面表现更加优异，也更容易在职场和事业中脱颖而出，胜任更多的挑战性工作，取得更好的成就。

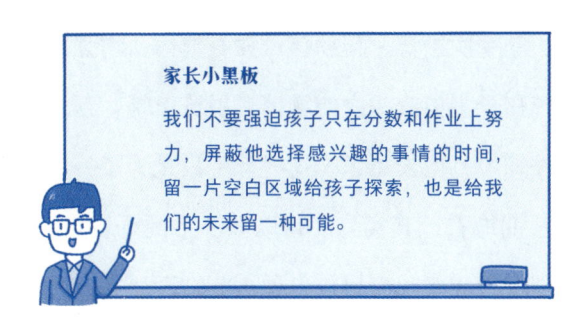

> **家长小黑板**
>
> 我们不要强迫孩子只在分数和作业上努力，屏蔽他选择感兴趣的事情的时间，留一片空白区域给孩子探索，也是给我们的未来留一种可能。

关系时间

平时，我们要把陪伴孩子和家人，和他们一起共度亲密家庭时光的时间预留出来。这个时间让你与孩子之间建立亲密的亲子关系，同时发展孩子的社会技能，帮助孩子获得充足的安全感和良好的人际关系滋养，从而在未来更有力量去应付那些更有挑战的事。

潜能时间

潜能时间也可以理解为"输入时间",即帮助孩子为自己的人生增加新能量的时间。这里的能量,主要包括身体的健康、知识的获取、信息的吸收、意志力的加强等一切可以让孩子变得更强大的能量。

比如,你可以每周陪孩子进行一次徒步活动,或者一起去踢一场球、登一次山等,帮助孩子强身健体,增强意志;也可以每周末带孩子去参观一次博物馆、展览馆等,帮助孩子了解更多的课外知识,增长见识。这些都不只是为了一次性的学习成果,更长期地看,其实是在帮助孩子不断开发自己的潜能,为未来的创造力和幸福力提供各种可能性。

美德时间

很多家长喜欢花大价钱去社会上为孩子找学习项目,培养孩子的各种品质、美德,却忽略了让孩子从小利用家庭这个最小单元,建立起人生秩序的重大机会。其实,一切社会上的秩序都可以通过家庭中的轻松练习来帮助孩子习得。

比如,你可以通过一些小游戏,让孩子来梳理一下每位家庭成员的角色和职责;或者让孩子帮忙做家务、照顾小动物;

最后再引导孩子思考一下，他在家庭中的职责或者需要做的事都有什么。

这个过程可以帮助孩子学会换位思考，正确看待家庭成员之间的权利、责任、边界等，也能让孩子自己学会独立照顾自己。

创造时间

与潜能时间相比，创造时间更加指向"输出"，即如何把自己的能力用到身边的人和社会上有价值的地方。比如，帮助他们做一件力所能及的事情，或者帮助真实世界解决一个问题，帮助他人创造一个产品等。做这些事情所用的时间，都属于创造时间。这些时间的付出，可以让孩子更加自信。

生命时间

生命时间就是把孩子当成自然界中的一分子，让他回归大自然，在大自然中自由生长的时间。比如，经常带他走进大自然，去接触树木、花草、田野，让他和其他小动物相处，观察春天的鲜花、夏天的鸟虫、秋天的落叶和冬天的雪地，自由地呼吸新鲜的空气，感受大自然的美好。著名教育家蒙台梭利就曾经提倡让孩子回归自然。她认为，让孩子健康成长的最好办法，就是让他们沐浴在大自然中。

总而言之，要主动掌控孩子的成长时间，就要把握好孩子当下的每一个成长时刻。我们可以把我们自己和孩子的人生看成一个由无数个时间段组成的线，无论我们以什么样的时间维度来规划或计划，或者大致上做到心中有数，都可以按照这个时间长度来思考，即如何把以上这些"重要的事"先放在我们和孩子的时间格子里，让那些"重要的事"不至于在我们和孩子的生活中缺席。

本章小结：希望是努力的母亲

📖 小故事

"叛逆"女儿的觉醒

聪明的孩子经常会很叛逆，我有个朋友的女儿就是如此。她学习速度很快，但就是不专心，作业也不做，还经常逃学，父母苦恼不已。

转折点出现在一个暑假，朋友安排女儿参加了一所著名大学组织的夏令营。这位聪明而又叛逆的女生，一下子遇到了很多厉害的同龄人，被深深打动。她心想，这才是又好玩儿又酷啊。从此，她为自己设立了目标，奋发图强，最终考上了一所理想的高校。

总结这个逆袭的故事，我们发现了这个女生觉醒的秘密是：被优秀的人激励，种下自己的希望，投入当下的时间以实现未来的美好。

如何让孩子用希望来孕育努力？以下有三个教育宝箱，请收下。

第一个宝箱：与优秀的人为伍

许多人热衷于与比自己弱的人交往（假如是为了帮助对方，那也很好），为了颜面刻意远离比自己优秀的人。

为了孩子，也为了自己，试着多和优秀的人为伍。优秀是广义的，并非只指传统意义上的有钱有权人士，而是那些有专业造诣、肯钻研、乐观向上、勇于拼搏的人。

别把孩子当"小孩子"，带孩子去自己的工作场合，把那些值得尊敬的长辈介绍给孩子。

主动带孩子去拜访亲朋好友们的优秀孩子，制造机会让孩子们一起玩儿。

让孩子多看传记，以及一些青少年励志的电影。

第二个宝箱：乐观地构思，悲观地计划，乐观地实行

过于乐观，过于充满希望，有时候也容易失望。

告诉孩子，乐观是此生必然的选择，希望是无价之宝。但是人生更多的是失望，每个人都不可避免地会遭遇悲观情绪。

所以，要学会"乐观地构思，悲观地计划，乐观地实行"。乐观地构思，是指要相信"天生我材必有用"；悲观地计划，是指要设想到一切可能发生的问题，慎重周密地思考对策；乐观地实行，是指专注当下，不必在意暂时的得失，以是否学到东西和有所进步为评估标准。

第三个宝箱：培养未来不变的能力

如果未来充满变化，那么又谈何长期主义呢？如果现在学的东西和未来的职业毫无关系，孩子们又该如何努力呢？亚马逊的创始人贝佐斯的思路是：在你的身边寻找，找到那些过去、现在、未来都不变的东西，也许更重要。

所以，我们去努力培养未来不变的能力，就可以既应对当下

的挑战，又能以不变来迎接未来的不变。

如此，我们就会发现，孩子的性格特质，对比起认知技能，也许更属于未来不变的能力。近些年来，不同领域的专家普遍认为，决定孩子成功的最重要因素，并不是我们给幼年的孩子灌输了多少知识，而在于能否帮助孩子培养一系列的重要性格特质，如毅力、自我控制、好奇心、责任心、勇气以及自信心。

📝 **小练习**

人生导师计划

和孩子一起完成一个挑战，找一位不是那么熟悉的杰出人士来做导师。

这件事情并不那么容易，因为很容易遭到拒绝。我们可以多试几次，带孩子一起体验一下陌生拜访。

本次小练习步骤如下：
1. 列一个导师清单，写下自己想从导师那里学到什么东西；
2. 写一封给导师的拜师信，要足够真诚，足够有打动力，要讲出对导师的帮助；
3. 家长为孩子准备一两个兜底的导师，关键时刻托孩子一把。

也许你和孩子会有意外收获，因为不管多么厉害的人，都有过脆弱的时刻，都有过微不足道的人生阶段，他们可能会对孩子伸出手，就像伸向自己的童年。

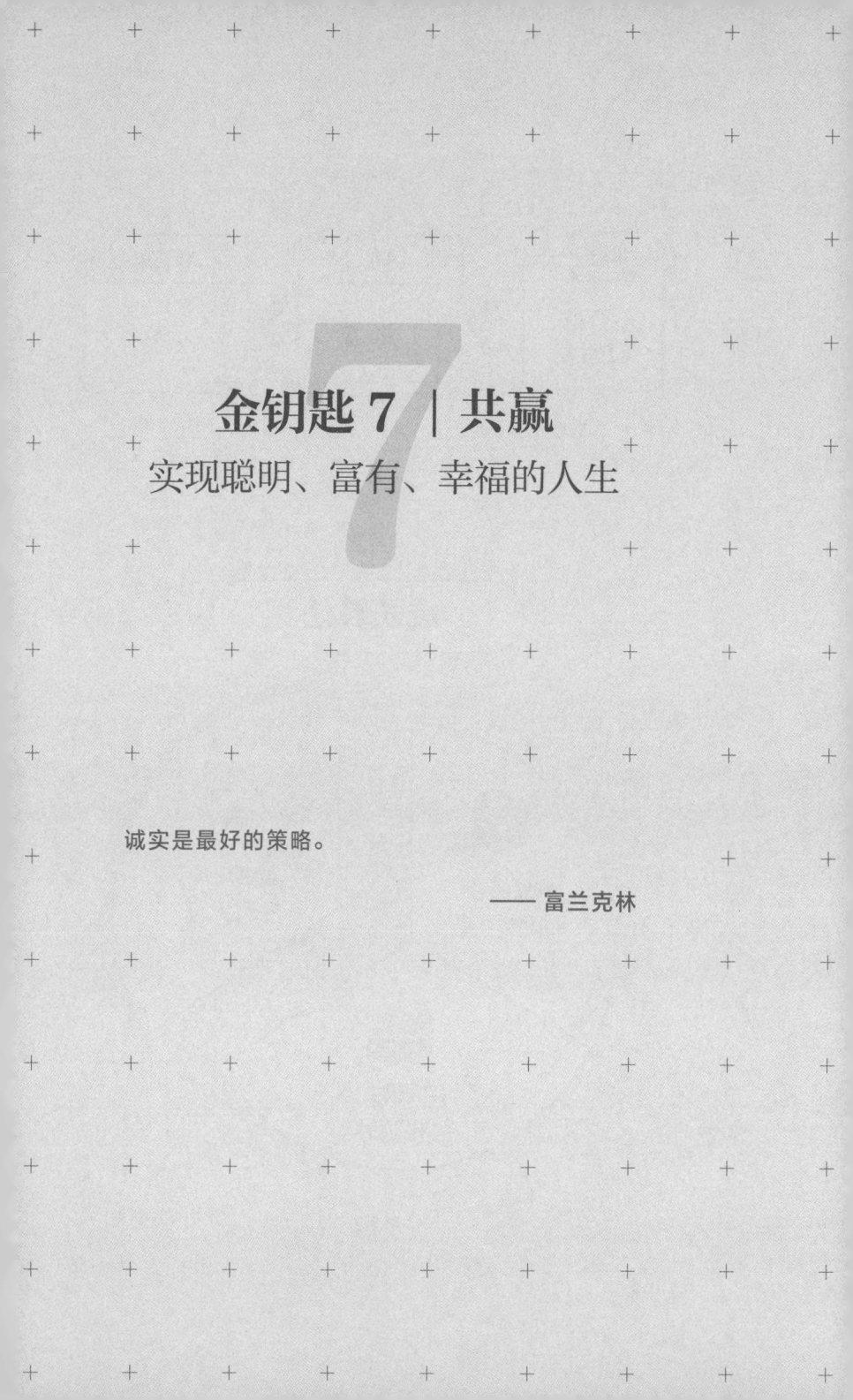

金钥匙 7 | 共赢
实现聪明、富有、幸福的人生

诚实是最好的策略。

—— 富兰克林

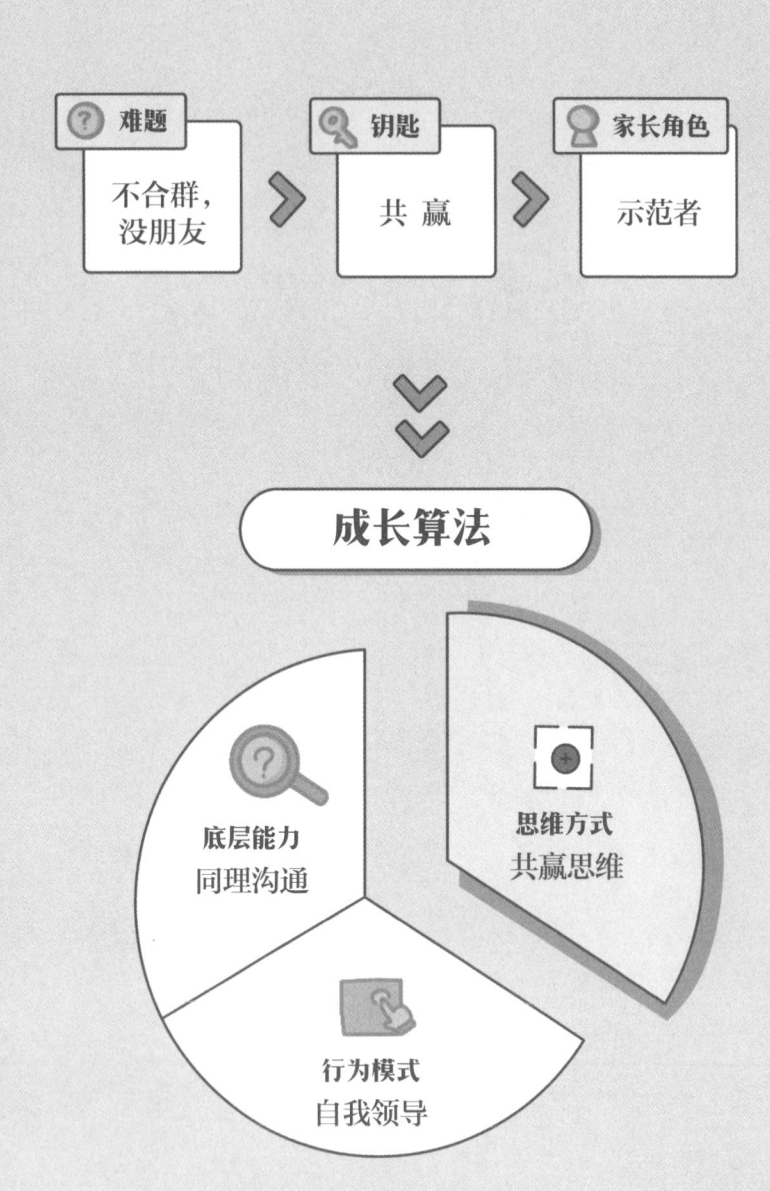

难题	钥匙	家长角色
不合群，没朋友	共赢	示范者

成长算法

- 底层能力：同理沟通
- 思维方式：共赢思维
- 行为模式：自我领导

前几年,我的孩子在海外读书,他告诉我,他们小学三四年级的时候就开始上关于领导力的课了。

我当时挺好奇:这么小的孩子,上什么领导力的课呢?

于是,我就翻看了一下他们课程的内容,其中有一段是这样说的:"所谓领导力,就是帮助别人的能力。"

看到这句话的时候,我的心里很是震撼了一下。

这些年我重新创业,创立了未来春藤,致力于让每个中国孩子都能够分享到优质的教育资源。在创业过程中,我就越发感受到领导力的重要性。

现在,绝大部分家长关注最多的都是孩子的成绩、考分,以后能不能上个好大学,能不能找份好工作,并认为这样孩子未来才能立足社会，拥有一个富有、幸福的人生。殊不知，真正成就孩子未来的重要品质，并不是孩子考过的那些高分、读过的好大学，而是孩子是否具有沟通能力、共赢思维和领导能力等，能否与我们所在的世界实现共赢。

丹尼尔·平克发现，在现实社会如鱼得水的成功者，都具有出色的沟通技能，善于倾听和协作，能够将各种不同背景的人组织在一起共同去搜索信息，同时也拥有批判性思维，能够解决现实生活中的复杂问题以及进行创造性活动。

面对今天的孩子，我们不是为孩子找个好学校、买套学区房就可以了，而是要问自己一个问题，我们的孩子未来能否在这个躁动的信息社会里学会如何与人沟通，如何安排好自己的生活？今天我们要如何帮助孩子做好准备？

在本章，我就帮家长和孩子解锁一项综合的与人交往、与社会共存的底层能力和共赢思维，激发孩子生命的内驱力和领导力潜能。同样，我也用三个成长关键词——同理沟通、共赢思维、自我领导——来和家长一起分享如何解决孩子在成长过程中不合群、没朋友、缺少领导力等问题，帮助孩子发挥自我优势，激发生命热情，最终迈向聪明、富有、幸福的人生。

同理沟通：
拥有同理心，是孩子形成高情商领导力的内核

有位家长在我们的社区里分享过一份年度商业调查榜单，上面列出了社会机构和企业最看重人才的品质和技能，主要包括：

- ✩ 沟通能力（口头和书面）
- ✩ 诚实/正直
- ✩ 协作能力
- ✩ 人际交往能力
- ✩ 自我激励/主动性
- ✩ 强烈的职业道德
- ……

从这个榜单可以看出，在社会急需的人才能力当中，名列前茅的几项几乎跟学科知识没有太大关系，而是全部指向了跟情商相关的社会交往能力。

随着信息时代的高速发展，许多人在追求高质量生活的同时，也更加追求自由与独立，但如果把握不好限度，就会导致他们在社会交往中变得特立独行和一意孤行。即使他们的社交

已经很糟糕了，他们还经常安慰自己：没有人能理解我。

真的是没人能理解他们吗？

我看未必。很多时候并非没人理解他们，而是他们无法与别人实现同理沟通，无法将心比心、设身处地地去感受和体谅他人。与出色的技术和高深的科学知识相比，可能很少有人会认为这些特征值得表扬和提倡，简而言之，这些特征似乎与当下激烈的商业竞争格格不入。

但是，人天生就有社会性，会与社会上形形色色的人打交道，能够同理沟通，就意味着你在看到别人的情绪和处境时，会经历与他同样的感受，而且能意识到自己的这种情绪就是源于对方的情绪状态。所以，具有同理心，能进行同理沟通的人，往往也具有非常优秀的洞察力和分析力，能够通过别人的说话语气、表情、情绪等判断对方的情绪，并且懂得理解他人的感受和倾听他人的想法，继而找到适合于对方的方式来与其交流，实现良好的沟通。

对于孩子来说，同理心不但能让孩子学会体察他人的情绪和状态，获得良好的人际关系，更是孩子具备高情商领导力的一个重要内核。因为任何一个领导者，要想调动团队成员的积极性，让团队成员通力合作，都必须照顾到每位成员的个人感受，了解并理解每位成员的观点，继而才能结合大家的不同需求，做出最有利于团队的明智决策。

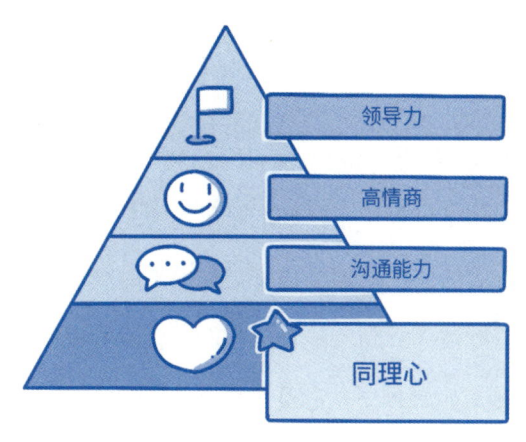

图 7-1　社会交往能力层次示意图（由下而上）

在做出正确决策后，领导者再运用自己较强的同理心，换位思考，体谅下属，赏罚分明，充分调动下属的积极性，这样就更容易推动事业的成功。

当然，要培养孩子的同理心，也需要家长掌握正确的方法。一个孩子是否具有同理心，往往与父母的干预行为有关，它可以分为三个重要时刻：感受情绪的时刻、明白需求的时刻、理解状况的时刻。

感受情绪 → 明白需求 → 理解状况

图 7-2　高手家长帮孩子形成同理心的三个重要时刻

重述孩子经历，说出孩子的情绪和感受

在养育孩子过程中，良好的亲子沟通是培养孩子同理心最自然、最有效的方法。如果孩子与你的平时交流中，他内心深处的声音总能被你听到，他自然就能学会去聆听和感受别人的感受。相反，如果孩子的感受常常被父母粗暴地否定或曲解，孩子感受不到父母对自己的理解，他自然也学不会去理解别人的想法和情绪。

不过，对于大部分家长来说，理解和接纳孩子的情绪并不容易，要做到这一点，你首先要承认孩子是个有着独立思想的个体，不论他的想法、观点是什么，都需要我们耐心地去聆听。其次，我们还要用有技巧的沟通来引导孩子，同时帮助孩子换位思考。

杰出的教育专家法伯与玛兹利什曾经有一段著名的对话。

孩子："我的小乌龟死了，今天早上它还好好的。"

父亲："不要这么伤心，宝贝。"

孩子伤心地哭。

父亲："不要哭，不过是一只小乌龟嘛，我明天再去给你买一只来。"

孩子哭道："我不要另外一只！"

父亲："不许不讲道理。"

孩子一哭，家长就乱，阻止孩子哭闹便是家长的第一反应，于是成功开启厄运链条的第一个环节：把哭泣当成一种错误的行为，忽略孩子的状况和感受。不仅如此，家长还跟孩子说再买一只，没有认识到小乌龟对孩子来说是独一无二的朋友，对孩子失去朋友的冷漠态度，给孩子造成了二次伤害。

正确的沟通方法应该是下面这样的对话：

孩子："我的小乌龟死了，今天早上它还好好的。"

父亲："噢，不会吧？太让人震惊了！"

孩子："它是我的好朋友。"

父亲："失去朋友是很痛心的。"

孩子:"我还教它怎么玩游戏呢!"

父亲:"你们在一起玩得很高兴。"

孩子:"我每天喂它。"

父亲:"你对那只小乌龟真的很有感情,虽然它离开了你,但它肯定也不想看到你这么伤心,所以你要开心,它也会开心的!"

这段叙述说出了孩子的感受,孩子就会感觉自己是被家长理解和接纳的。很多研究发现,如果家长能经常用温和的语气和孩子交谈,察觉孩子的情绪并做出富有同理心的回应,那么孩子在其他人遭遇困境的时刻,也会做出类似的反应,倾听以及帮助别人。相反,如果孩子的感受常常被家长粗暴地否认或曲解,孩子体会别人感受的能力就会降低,而且在暴怒之下,人还会丧失思考能力,进入逃跑、战斗或者僵死的状态,没有办法调动大脑、积极寻找解决问题的办法。

与孩子进行角色扮演,让孩子明白他人需求

哈珀·李曾说:若要真正理解一个人,唯一途径就是从对方视角看世界,除此之外别无二法。换位思考是构建同理心的

一个有力工具。要培养孩子的同理心，一个有效的方法就是角色扮演。它能帮助孩子亲身体验别人的处境和感受，以感同身受代替主观臆测，去设身处地地理解和体会他人的感受。这种方法带来的体会，要比先入为主的"我以为"更加深刻。

香港理工大学曾经举行过一次"为盲人做设计"的思维课。在项目开始前，学生们都被蒙上眼睛，到户外探索一小时。其间，学生们要互相搀扶着上下楼梯，偶尔会碰到障碍物，他们需要慢慢摸索着前行，聆听声音，触摸不同的物体。一开始，不时有学生发出呼救声，但慢慢地，他们都安静下来，把自己当成真正的盲人，开始思考一些关于真正能够帮助到盲人的问题。这种亲身体验，就有效地激发了大学生们换位思考的能力，以及解决具体问题的自驱力。

所以，我们也可以在日常生活中与孩子进行一些角色扮演的游戏，比如分别扮演医生和病人、售货员和顾客、学生和老师、领导和员工等等，帮助孩子学会站在他人的角度看待事情，体会他人的感受，建立同理的情感。

理解现实状况,积极进行公益活动

我经常鼓励家长多带孩子参加各类公益活动,因为这项活动可以帮助孩子更好地理解和体会现实状况,倾听和洞悉他人的真实需求,并学会结合现实分析问题,而不是停留在感受本身。这就像领导管理下属一样,如果领导者无原则地迁就下属情绪,或者讨好每一个人,就无法客观地处理现实的信息和问题,也就无法做出更接近现实状况的决策。

我在带着孩子一起做志愿者时,就曾发现很多问题,比如有些时候,志愿者同情心泛滥,灾区人们需要的是食物和医疗用品,但有些人却捐去一包包旧衣服、一本本旧书。这就是泛滥的同情心,而不是理解现实、贴近现实的同理心。

所以,在带领或鼓励孩子参加公益活动时,一定要和孩子先了解对方所处的现实状况是什么样的,他们需要的真实帮助是什么,不能对方缺橘子,你非要送苹果,这只能是一种自我感动,不仅无法构建孩子的同理心,反而还会让孩子同情心泛滥。当然,同情心并没有不好,只是它完全忽略了对方的感受,只从自己的角度去理解对方的处境,显然这就无法与对方形成有效连接。而同理心是在建立连接,在此基础上去解决问题,才会更有针对性。

共赢思维：
当孩子有益于他人时，才能变得真正富有

我有一位熟人，夫妻二人的工作都比较稳定，但是平时除了上班以外，其他时间几乎很少跟同学、朋友等有交集。二人一直信奉"我不求别人，也不想别人求我"的生活信条，对周遭的同事、朋友等可谓是漠不关心。

二人有个女儿，小时候活泼伶俐，见人就爱说话，但是到了青春期以后，就变得非常封闭、孤僻，没有朋友和伙伴。后来大学毕业后，因为不善于社交，迟迟找不到合适的工作，并且直到30多岁才开始谈恋爱。

结婚之后，女儿一度跟父母断绝往来，父母非常不解，但也不知问题出在了哪里。幸运的是，女儿先生家庭的人际关系非常和谐，有良好的亲朋好友的支持网络，女儿受到幸福的感染，最后经过多年时间才终于和父母和解。

很多成年人容易陷入一个误区，认为财富、成就、幸福等都跟旁人无关，只能靠自己实现，因此也不愿意和其他人建立关系，不需要他人的帮助，也不需要关怀和帮助他人。孩子生

活在这样的家庭当中，自然会潜移默化地受到影响。

但是，事实真相是：越厉害的人，越擅长构建自己的社交圈，也越具有共赢思维，善于建立共赢关系。这种关系包括伙伴关系、上下级关系、师生关系、朋友关系、客户关系等，缺乏关系或损害关系，都会降低一个人"赢"的概率。如果你仔细研究一下古今中外那些厉害的人，就会发现他们的共同之处：在个人能力之外，还有重要的"人际支持系统"，这个系统往往都是共赢或多赢系统。他们擅长利用这个系统寻求帮助或帮助他人，为彼此构建一个"赢"的联盟。

有研究发现，一个人想在社会上实现高水平的人生，就要在儿童和青少年时期至少寻求和建立好五个阶梯层次关系：

其中，第一个层次到第二个层次的过渡，是孩子童年到青少年，再到走向社会，并获得较高领导力和成就的关键阶段。如果孩子在成年之前，没有能在真实世界中结识帮助自己获得增量认知和引导的人，那么他可能就会停留在学生或青年时代的心智当中，错过从童年到成年的心智过渡。

从第三个层次开始，是孩子真正独立自主地通过学习踏上社会的第一步。之后，孩子才能在现实生活中不断寻找可以一起创造人生价值的伙伴，通过合作与共赢，一起拿到人生成果。

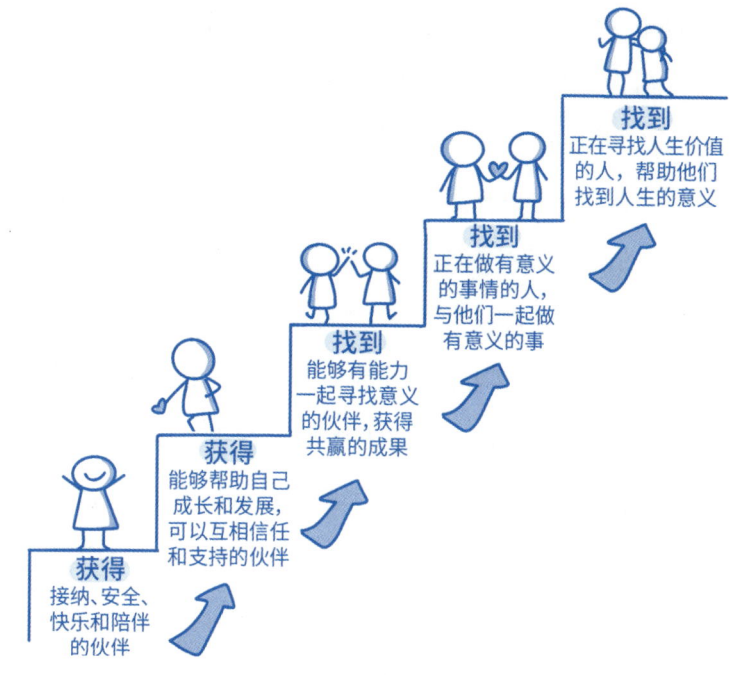

图 7-3 人生成长的五个层次

遗憾的是,很多孩子都没有机会跨越第三个层次,向着更高层次发展。我在研究和采访了众多高成就人士的底层思维后,发现他们在成为人生赢家之前,都具有比较完善的共赢思维。这种共赢思维通常遵循三条法则,我在这里分享给家长朋友。

储蓄法则：真心帮助别人，为孩子的"赢家账户"储蓄

任何在社会上有所成就的人，都有一个自己的"赢家账户"，这个账户就像一个储蓄池，不仅能储存财富，还能储存健康、品行、美德以及良好的人际资源，其目标是既能为他人提供有价值的资源，又能为自己赢得长远收益。这些人与那些精致的利己主义者在视角上是截然相反的。

精致的利己主义者也愿意为他人提供资源，但常常带着"不亏欠"别人的心理，比如别人帮了自己一下，就想着马上把事情扯平，并且不愿意提供给对方更多的帮助。这就相当于没有为自己"储蓄"资源，而是让自己的账户一进一出，最后归零。

而那些更优秀的人，不但会经常关注伙伴的需求，还会在自己力所能及的基础上，为对方提供更多帮助，甚至是超出对方预期的帮助。这就很容易引发对方更多的"反向投资"，提高彼此的成功概率，享受到彼此关系中的协同增效作用，产生 1+1>2 的力量。

那些高手家长也善于为孩子营造一个良好的朋友圈，比如主动组织各种聚会，邀请孩子的伙伴到家里玩耍，帮助孩子建立良好的伙伴关系。同时，他们也会鼓励孩子自愿地为伙伴提供帮助，为学校里的老师做助手，等等。比如，在英国一些小

学，老师每天都会选出一个孩子做VIP，这个孩子再选出一个同伴做他的助手。而他们一天的任务，就是做老师的小助手，在学习、吃饭、集合时协助老师。孩子们自己也很喜欢承担这些工作。

所以，我们在兼顾孩子学业的前提下，也要多鼓励孩子参加一些班级活动或课外活动，主动为他人服务，这不但能帮到别人，还能培养孩子的社交能力，以及为自己的"账户"储存更多的有益资源。

互惠法则：没有任何一方委曲求全才是好的关系

良好的人际关系就像一架天平，彼此依赖和互相平衡才是关键，单方面的牺牲和付出都背离了共赢思维，关系也难以长久维持。如果你想让孩子未来成为一个受欢迎的人，就要让孩子明白一个事实：自己是生活在一个很多人共存的世界里，别人也有自己的愿望和需要，也希望得到满足。没有一个人的愿望可以无限大，我们不能为了满足自己的需求，就无限量地要求别人；同样，我们也不能为了满足别人的需求，就让自己委曲求全。由此帮助孩子正视自己的欲望，并学会关注他人的需求，建立让双方都能获益的长久关系。

示弱法则：真正的领导者擅长被领导，把指挥棒交出去

我在学习和工作中遇到一些人，他们从来没有真正想过寻求他人帮助，这并不是说他们不需要帮助，恰恰相反，他们也有自己的短板。那是怎么回事呢？

原因就是，他们无法接受，也不想接受无法满足自身需求这件事，好像让外人知道这件事就会让自己很丢面子，万事都喜欢自己扛着。尤其是一些领导者，认为自己就应该是强大的，是发号施令的，寻求帮助是无能的表现。

在《论语》中，有一段子禽与子贡的对话。

子禽问子贡："孔夫子每到一个国家，一定能听得到这个国家的政事，这是他自己要求别人告诉他的，还是人家主动说给他听的呢？"

子贡的回答是："是夫子以他的温和、善良、恭敬、俭朴、谦让而得到的，他要求的方式大概不同于别人吧。"

孔子在两千多年前就懂得，要想得到更多人的认可，就要多创造机会去了解更多、更深奥的鲜为人知的国家秘密和高层内幕，这样才能看清这个国家运转的本质，了解到各个国家生存发展和强盛衰亡的真正原因,让自己获得更高的智慧。如果你对这些深层次的东西一无所知,又怎么有资格跟别人谈经论道呢?

我们也应该让孩子在与人交往时保持谦逊的态度,面对能力比自己强的人时,学会示弱,多向别人求教知识和经验,这不但能为自己积累更多的知识和经验,还能让对方看到孩子谦虚、肯学的姿态,从而也更愿意与孩子结交,为孩子创造更多的成长和进步机会。

自我领导:
孩子能管好自己,才能更好地引领他人

假如你面前有一个抽奖箱,里面有两张牌,一个写着"运气",一个写着"能力",代表了给孩子的两个礼物,作为家长,你会更想抽中哪张?

我曾经在身边的家长圈做过一个小范围的调查,很多家长还是会选择运气,可能觉得运气不可控的成分更大。

但是现实世界里没有抽奖箱,我们如何让孩子拥有创造运气的能力?"自我领导力"是一种让孩子们为未来创造机会,

而不是坐等机会来临的关键能力。

不少家长和学校的老师都善于用自我领导力来撬动一个孩子的成长。

我女儿的学校就特别安排了"领导力日",第一个被安排担任"领导力日"演讲组织和数字系统职责的,并不是学习最好的和最听话的,而是班级里最调皮的一个孩子。他那天恰好违反了班级纪律,又犯了错,但老师并没有惩罚他,而是在耐心地了解了他的情况后,安排他在"领导力日"任职。

我女儿回来后告诉我,一开始大家都对他的能力表示怀疑,不理解他那么调皮的孩子,能干些什么呢?但是后来大家发现,这份责任感让这个男孩迅速提高了自我要求,不但规规矩矩地遵守纪律,还积极开导和劝说那些不遵守纪律的同学。他的口才很不错,就连之前跟他关系不怎么好的同学,都因为他的负责和对自己的严格要求而对他表示出好感了。

这件事也让我意识到,领导力真的会让一个孩子发生很大的变化。

然而,一谈到领导力,很多父母会以为领导力是指一个人领导他人的能力。其实不然,领导力不但包括领导他人,还包括领导自我。一个能领导自我的人,往往有着较强的自我控制能力和对事物的应变能力,是领导力的基础。一个缺乏自我领导力的人,很难想象他要如何去有效地领导别人。

在孩子的幼年阶段,培养他们的自我领导力最关键的一点,就是让他们学会管理自己,处理好与自己的关系,然后再去处理与别人的关系。随着孩子年龄的增长,他们管理自己的能力逐渐增强,才能慢慢具备管理他人的能力。

那么,我们怎样才能帮助孩子学会管理自己,提升自己的自我领导力,继而再提升领导他人的能力呢?

不管是自我领导力,还是领导他人的能力,都不是一蹴而就的事情,需要我们为孩子设计一个养成计划。这里,我跟家长们分享一个五步阶梯法。

第一个阶梯:唤醒真实领导力,做"包容不完美"的家长

唤醒孩子的"真实领导力"其实很简单。

首先,忍住总是夸孩子"聪明"的冲动。记住,聪明只是

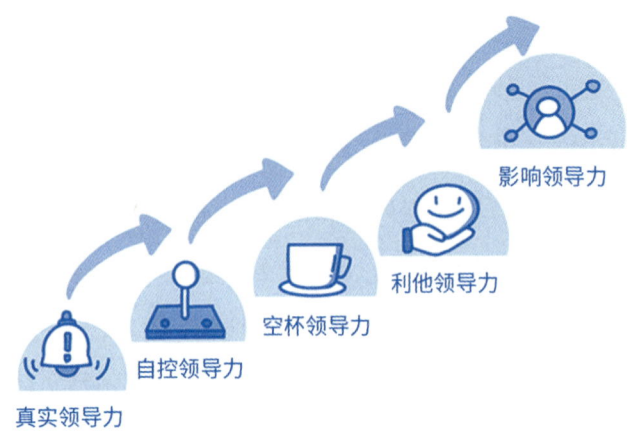

图 7-4 提升领导力的五步阶梯

一种小技,坦诚才是大智慧。不要让孩子去维护聪明,而不敢做傻事。其次,遵守 60 分法则。做一个能够包容不完美的家长,先要包容不完美的自己。我们不必成为 100 分的家长,只需要成为 60 分的自己。我们可以不完美,但我们有自己的优点,孩子可以不完美,只要我们互相信赖和支持。

第二个阶梯:唤醒自控领导力,用以身作则赢得尊重

人首先要学会对自己负责,其次才是对他人负责。我们可以包容孩子、帮助孩子,但不能不让孩子为自己的事负责。一个连自己都管不好,对自己不负责任的人,又怎么可能管好他

人，对他人负责呢？能够承担责任，并且以身作则，是养成自控领导力的必备要素之一。

一位朋友曾告诉我，她9岁的女儿在网上遇到一个求助的人，这个人希望她女儿能转给他200元钱，让他买张车票回家。朋友以自己的社会经验判断，这个人应该是个骗子，所以就把自己的想法告诉了女儿。

但是，她的女儿却不相信，还反问妈妈："那要是他真的需要帮助呢？我不帮他，他怎么办？"

朋友说："这样吧，假如他就是个骗子，你还愿意支付这200元钱吗？那样的话，你三个月的零花钱可就没了哦！"

她女儿想了一会儿，说："我还是想相信他一次。"朋友点点头，说："只要你想好了，做任何决定妈妈都支持你。同样，你也要自己承担由此产生的后果。"

于是，她女儿就真的给对方转了200元钱。结果一分钟不到，对方就把她女儿拉黑了。

虽然妈妈明知道女儿可能被骗，但在给出提醒后，仍然尊重女儿的决定，让女儿勇敢地做出自己的选择，并愿意为自己的选择承担后果。这其实就是在帮助孩子形成自控领导力。

相反，如果我们直接替孩子做决定，或者替孩子承担了后果，比如在孩子被骗走了200元钱后，再给孩子200元钱作为补偿，这就会让孩子失去因果链条。在这种教育模式下，孩子永远也学不会如何做决定，以及为自己造成的结果负责，自然也学不会控制自己的选择和行为。

很多人觉得，自控领导力就是强迫自己完成不可能完成或不愿意完成的事。其实并不是，能够为自己负责，才是学会自控的关键。要想攻克这个难题，首先就要在"红线"之内给予孩子自由选择的权利，其次就是让孩子学会承担后果。我建议家长平时可以引导孩子做做以下两种练习，培养孩子为自己负责的意识和能力：

第一种练习，引导孩子思考和评价某种做法对自己的影响和后果。

第二种练习，引导孩子思考和评价自己的某种做法对他人的影响和后果。

当然，一开始孩子可能做不到，那也没关系，我们可以多给孩子一些时间和引导，帮助孩子学会自我反思，心平气和地审视和复盘自己的行为带来的影响。渐渐地，孩子就能学会对自己的言行负责和进行管理了。

第三个阶梯：唤醒空杯领导力，用精进一步带来持久改变

在这个快速发展的时代，一个人的自我领导力和领导他人的能力，都是建立在快速学习的基础之上。这就需要孩子能时刻保持空杯心态，让今天的自己比昨天更好一些。为此，我们可以用实际的微小行动来引导和鼓励孩子，让孩子每天进步一点点，慢慢养成一个个好习惯，比如：每天阅读一小步、保持健身一小步、关注他人一小步、保持精进一小步等等，帮助孩子在对的事情上保持自主规划，并按照规划一步步去实施。

当然，家长也要以身作则，毕竟行动胜过千言万语。你让孩子做好的，自己首先做好，那样你就能成为孩子的榜样，孩子也会以你为目标，一步步去实现自己的目标。

第四个阶梯：培养利他领导力，以自身行为带动更多的人成为更好的自己

曾经在世界著名咨询公司贝恩担任了 8 年首席执行官

的汤姆·蒂尔尼，任职期间多次带领公司在危机时刻力挽狂澜。但是，他却在自己的事业达到顶峰时，毅然选择离开贝恩，转而成立了一个非营利性机构，为慈善家免费提供各种战略咨询服务，其间还曾帮助比尔·盖茨筹备基金会，创造了更大的社会价值。

领导力不仅仅是领导别人的能力，还要扮演好自己的角色，拥有支持他人的能力。作为领导者，其所作所为、言行举止首先都必须做到优秀，与此同时，还要能以自身行为去带动更多的人，让他们在你的影响下，成为更好的自己。这才是领导者的真正价值所在。

我们在培养孩子时，也要具备这种思维，在孩子自己变得优秀之后，还要鼓励他积极地去帮助别人，让别人在孩子的帮助下变得更加强大。

我曾经结识过一位师范大学的学生。在他大三那年的暑假，他去了偏远山区支教。回来以后，他说："到现在我才明白什么是真正的教育。虽然我只在那里工作了不到两个月，但我看到了孩子们的变化，也发现了我在成长和教育上的不足。我很后悔自己过去的三年里没有把教育专业学好，只为孩子们做了一点点，但那些孩子却那么感激我，我发现做教育真的快乐！"

在他心中，什么样的老师是好老师？就是能够给孩子带来成长、快乐，能够为他们指明人生方向，能够给孩子的人生带来助力的老师。显然，这就是一种利他领导力。

第五个阶梯：拥有积极领导力，用乐观心态指引人

我们都知道，人是很难被改变的，这几乎成了每一个家庭和团队的难题。但是，积极的领导者会拥有神奇的改变人的力量。他们传递的正能量，往往能够让人看到希望，带动人发生改变。

那么，如何让孩子具备这种积极领导力，成为充满正能量的人呢？首先，从小帮孩子培养积极的情绪，避免过度自责。

加拿大卡尔顿大学心理学教授迈克尔·沃尔，曾在一所学校做了一次针对大学生拖延症的调查实验，结果发现了一个有趣的现象，那些一直因为自己拖延复习而严格

指责自己的学生，反而更可能在下次考试时继续拖延，而那些原谅了自己的第一次拖延的学生，反而在下次考试前复习时的拖延程度大大减少，这个结果让人很意外。

积极心理学之父马丁·塞利格曼30多年来对上千个儿童和成年人做过的研究发现，孩子容易怀疑自己，这也不行，那也不行，产生悲观负面的情绪。其实并不是孩子真的不行，父母很有可能是造成孩子习得性无助的帮凶。

我们常见的父母的错误做法是：遇到孩子无法跨越的问题时，总是正面夸赞：你很棒，你千万不要丧失信心，你一定可以更好。其实，这种鼓励如果超出了孩子能够完成的目标，并不会有好效果。

"化解灾难"的秘诀在于：把悲惨的情况用积极的情绪重新定义，给予孩子"一线希望"。

- ⭐ 不要相信眼前的答案是唯一的；
- ⭐ 引导孩子写出接下来的行动路径；
- ⭐ 和正能量的人交朋友；
- ⭐ 用积极的词汇代替消极的词汇。

事实上，每个孩子的人生中都自带巨大的正能量，只是我们没有发现它，反而让负能量占了上风。有一句话说的是，负能量是迷路的正能量。守护好孩子真实的、正能量的一面，宽容孩子的失误、错误，让他拥有坦诚真实的一生，是父母给孩子，也是给自己的最美丽的礼物。

本章小结：做一个"成就他人"的领导者

> 📖 小故事

成功的标准是什么？

巴菲特是世界上最富有的人之一，而且他富得很稳定、很长久。有一次他在佐治亚大学演讲，学生问巴菲特对成功的定义，他这样回答："当你走近人生终点时，衡量成功的唯一标准，将是有多少你希望爱你的人确实爱你。"

而在另外一次访谈中，谈及自己事业上的成功，巴菲特说，身边一起工作的，都是一些正直、聪明的人，而且他们都喜欢对方，在事业上彼此成就。所以，每天的工作是他此生最喜欢做的事情。

你看，不管是财富，还是幸福，都需要建立在互助和共赢的基础上。

如何让孩子成为一个"成就他人"的领导者？以下有三个教育宝箱，请收下。

第一个宝箱：诚实是最好的策略

诚实不是一种美德吗？为什么说是一种策略呢？原因有二：
1. 人类社会从长期看会奖励诚实的人。
2. 数字社会从技术上会惩罚不诚实的人。数字化，会令世界更即时、更透明。不诚实的人被惩罚的周期越来越短，作案成本越来越高。

对个人而言，诚实就是本分。本分，首先是不骗自己，做正确的事。骗别人最大的坏处是，最后把自己也骗了。本分和人品没啥关系，本分其实就是"理性"，是一切思考、计算、决策中的第一因素。

诚实，也就是极度坦诚、极度透明。假如你学会了，好事就会降临于你。

第二个宝箱：同理心是 AI 时代的人类优势

同理心，或称同感心、共情等，是从他人的参照系统中理解或感受他人正在经历的事情的能力，也就是运用理解力与想象力等，尝试（在想象中）将自身置于他人处境或所在"位置"的能力。

在科技越来越发达的未来，同理心会成为人类较难被 AI 取代的一种特殊优势。能设身处地为他人着想，用他们的方式看待世界，也意味着一个人有很强的商业想象力。同理心能让一个人成为更好的领导者。

同理心不只让孩子成为一个"好人"，更让孩子成为未来的强者。

第三个宝箱：善良的本性天下无敌

罗素说：在世界上一切道德品质之中，善良的本性是最需要的。然而，家长总会担心，孩子太善良、太温顺，会不会被人欺负？

也许我们可以借助一下老子的智慧。汉代刘向在《说苑·敬慎》中记载：春秋时期，常枞弥留之际，他的学生老聃（即老子）

前来探望，并讨遗教。常枞用自己的"舌头尚在而牙齿已无"来引导弟子。老子由此感悟道："夫舌之存也，岂非以其柔耶？齿之亡也，岂非以其刚耶？"这便是道家"柔弱胜刚强"的理论原型。后来老子在《道德经》中写下："天下之至柔，驰骋天下之至坚。"

善良是力量的一种，而非无力；善良能给他人以美好，没有理由令当事人不愉悦。布贝尔说："真正的教育，本质上就是品格教育。"善良结合智慧，能带给孩子天下无敌的力量。

小练习

"我是孩子王"

管理自己,需要用脑。管理别人,需要用心。

本次小练习,是为了让孩子通过团队活动,来培养领导力和双赢精神。以下是一些建议:
1. 多让孩子参加一些需要团队协作的多人体育运动;
2. 鼓励孩子尝试去带更小的孩子一起玩儿;
3. 让孩子去参加一些户外探险和营地活动。

哈佛大学曾发布《扭转潮流:通过大学招生激励更多关爱和社会共同利益》的报告,就是要扭转人们的教育理念,扭转教育方向,把培养爱心、责任心、事业心作为教育目标,让关爱他人、服务社区、奉献社会、热爱公益成为学生必须学习的一部分。

番外篇
微行动工具箱

工具一　　一周新奇事物体验计划

尝试探索新事物

保护孩子的好奇心，最有效的方式就是在尊重孩子意见的基础上，鼓励孩子尝试探索新事物，并在探索过程中激发孩子的兴趣，发掘孩子的优势。

制定体验计划表

家长可以鼓励孩子列出这一周他觉得有趣、想要尝试探索的事情，并在完成探索后，鼓励孩子分享他的体验心得。在这个过程中，家长也要根据孩子的体验分享给予肯定和建议。

一周新奇事物体验计划

本周尝试的新体验	体验时间	小朋友的体验收获 ☺ 开心的地方	😔 有遗憾的地方	👍 家长夸夸
例：观察蚂蚁的生活	2021/11/20	1. 非常有趣，我发现了蚂蚁是怎么修建房子的 2. 我还发现了蚂蚁很喜欢吃甜的食物	就一天的时间，有点匆忙，我还想继续观察	我发现了××小同学一个很大的优点，她观察能力超级棒，连蚂蚁如何咀嚼食物都能观察到

番外篇
微行动工具箱

金钥匙 —— 兴趣 激发孩子主动学习的内驱力

工具二　优势养成计划

将兴趣发展成优势

兴趣和爱好是最好的老师，但是要将兴趣发展成优势，我们需要专注某个领域，并鼓励孩子长时间坚持练习。否则凡事三分钟热度，兴趣就只能停留在兴趣层面，不可能发展成优势或专业的技能/能力。

和孩子一起制订优势养成计划

罗马不是一天建成的，要想将兴趣转化成优势，我们需要将大目标拆分成一个个可行的小目标。建议将孩子的能力达成分成3个时期，分别是：

- 体验期
- 进阶期
- 优势期

每个时期根据专业老师的建议，制定这个时期要达成的小目标，以及持续的时间。和孩子约定要制订每天的行动计划，并在每周完成后给予孩子小奖励。

_____优势养成计划

挑战者			监督员	
终极目标				
体验期	小目标			
	持续时间			
	具体行动计划			
	完成小奖励			
进阶期	小目标			
	持续时间			
	具体行动计划			
	完成小奖励			
优势期	小目标			
	持续时间			
	具体行动计划			
	完成小奖励			

工具三　自主选择引导路线图

鼓励孩子自己做决定

要培养孩子的自主性和掌控感,首先要鼓励孩子做决定。同时家长也要尊重孩子的决定。只有在孩子有主人翁意识后,他/她才更愿意自发地去行动和实践,并勇于承担自己选择所带来的任何后果,同时也能成为一个有主见、有责任担当的好孩子。

自主选择引导路线图

孩子自主性和掌控感的培养,不需要刻意通过某件事或某个训练,家长要善于利用日常生活中的各个机会去引导孩子做选择,比如,让孩子决定全家周末如何度过,我们可以分4步:

- Step 1　让孩子说出自己的提议和思考;
- Step 2　鼓励孩子分享原因;

- Step 3　鼓励孩子提出自己的行动计划；
- Step 4　家长根据行动方案，给予一定的建议。

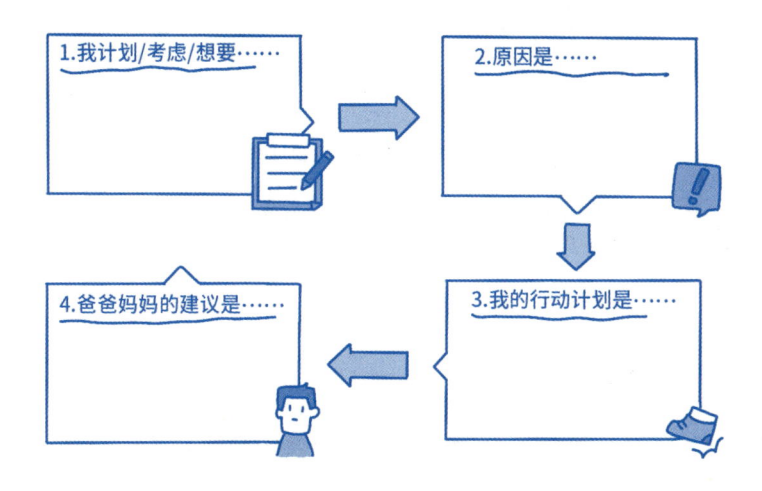

1. 我计划/考虑/想要……

2. 原因是……

3. 我的行动计划是……

4. 爸爸妈妈的建议是……

金钥匙 2 行动 学会在试错中有效成长

工具一 "聪明犯错"行动卡

成长的坑要聪明地踩

孩子的成长，其实就是不断探索，不断犯错，不断总结，不断收获，从而不断进步的过程。成长的坑，需要孩子亲自去"踩"，去"填"，而家长需要做的，就是放手。

运用"聪明犯错"行动卡

鼓励孩子勇敢犯错、聪明犯错，其实有一些科学的技巧。每次孩子犯错后，家长可以根据孩子的内心感受，给予适当的鼓励和提醒，和孩子一起总结犯错的原因、学到的经验，以及今后的改正计划。

这个错误是什么		我的内心感受是	
这次犯错的原因是		我学到的经验是	
我今后会			

工具二　成长思维清单

家长需要适时地引导和鼓励

培养孩子的成长思维，家长的鼓励和引导非常重要。除了以身作则，我们要努力将正确的价值观传递给孩子。

助力孩子收获成长思维的 7 个核心道理

要让孩子收获成长思维，我们家长需要让孩子懂得 7 个核心的成长道理。根据下面的儿童成长思维清单，看一看孩子做到了哪些。

儿童成长思维清单

- 我能从犯错中不断改进、不断学习 ☐
- 只有不断努力，才能不断进步 ☐
- 我要下定决心，全力做到最好 ☐
- 总结、反思能让我不断进步 ☐
- 我会通过努力，勇敢克服困难 ☐
- 其实努力比聪明更重要 ☐
- 我会坚持到底，不轻易放弃 ☐

工具三　"行动飞轮"微启动工具

"行动飞轮"让孩子持续行动

不少孩子都只会纸上谈兵，知道怎么做，要行动起来却很难。其实，家长可以鼓励孩子先"动"起来，一边行动，一边不断完善，最终收获成功。

4个步骤，让孩子真正"动起来"

- 第一步：明确的行动提示——鼓励孩子在某个时刻或某个地点，开始某个微小的行动；
- 第二部：迈出第一步——正式践行某个既定的微行动，比如看书、写作业；
- 第三步：设定微小目标——给这个行动设定一个小目标，比如看15分钟的书，写完一篇作文；
- 第四步：有成果立即庆祝——和家长商量自己想要的奖励，家长在孩子完成时也要及时兑现。

亲子"行动飞轮"
微启动工具

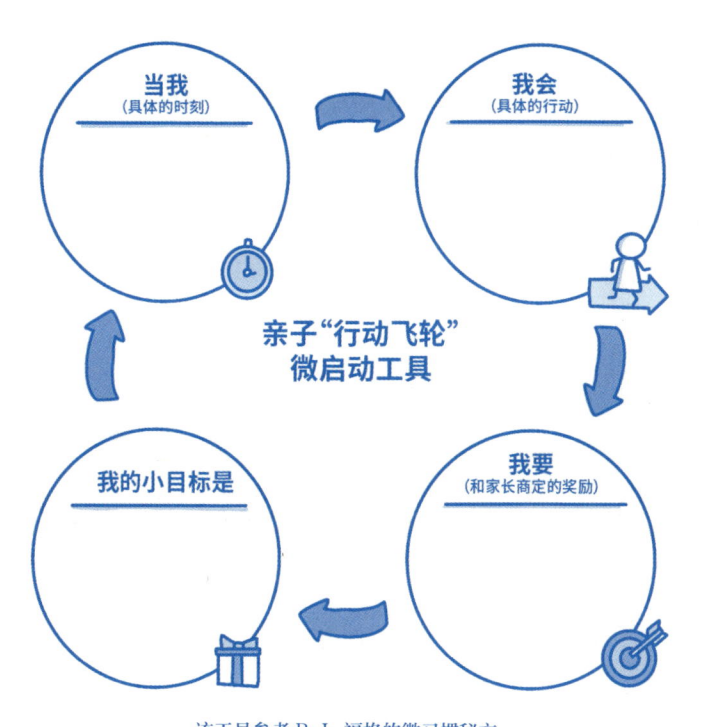

当我
（具体的时刻）

我会
（具体的行动）

我要
（和家长商定的奖励）

我的小目标是

该工具参考 B.J. 福格的微习惯秘方

工具一　亲子跨界思考小工具

拥有跨界思考能力

一个人在智力开挂的时刻，常常发生在跨学科知识的迁移交汇之时，就是大脑在旧知识和新知识之间建立"高速路网"的时刻。通俗地说，知识的迁移能力，也是一种"举一反三"的能力。

培养孩子跨界思考，只需 3 个步骤

- 引导孩子思考最近学到的新知识；
- 引导孩子思考，这些新知识和哪些已经掌握的知识有关联；
- 引导孩子思考，这些新知识可以用在日常生活中的哪些方面、可以解决哪些问题。

它和哪些
知识有关联

我最近学到
的新知识

它可以用来
解决哪些问题

亲子跨界思考小工具

工具二　　科学思考小工具

深度思考让孩子收获科学思维

教育的目的，从来不是让孩子掌握足够多的知识，而是培养孩子成为一个具有科学思维、能够独立思考的人。鼓励孩子多问为什么，寻找答案的过程就是在激发孩子的科学思维。

培养深度思考的 3 个步骤

- 为什么：向孩子多提为什么，引导孩子思考；
- 你怎么想：鼓励孩子分享自己的看法；
- 验证想法：和孩子一起设计行动方案，鼓励孩子验证自己的想法是对是错。

| 1 为什么 | → | 2 你怎么想 | → | 3 验证想法 |

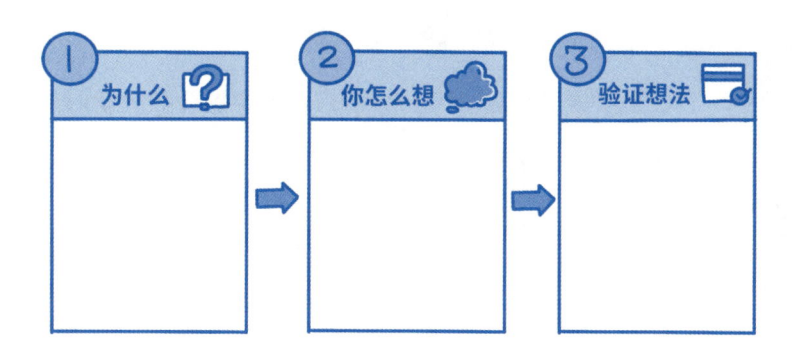

工具三　　给孩子的学习地图

让孩子养成学习的习惯

　　要让孩子养成学习的习惯，首先要提升孩子学习的动力，让他自主规划自己的学习计划、设计自己的学习地图，列出学习选项，并适当地做一些时间规划。

设计学习地图

- 学什么：鼓励孩子写下自己想要学习的知识点；
- 谁可以教我：鼓励孩子写下她想要求助的人；
- 学习目标：鼓励孩子写下他想达到的目标；
- 行动计划：鼓励孩子写下每天/每周的学习计划。

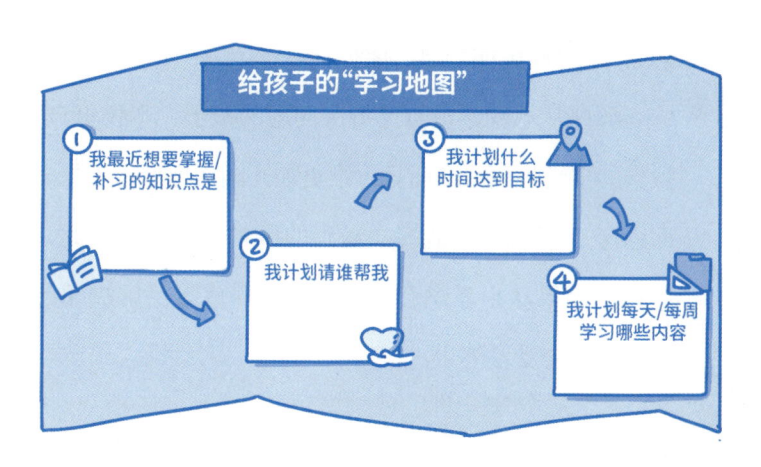

给孩子的"学习地图"

① 我最近想要掌握/补习的知识点是

② 我计划请谁帮我

③ 我计划什么时间达到目标

④ 我计划每天/每周学习哪些内容

工具一　　问题解决飞轮

养成自己解决问题的习惯

那些从小就学着自己解决问题的孩子，不仅更自信，做事的主动性更强，而且思维更加开阔。他们善于从多方面思考，以便更好地解决遇到的困难和问题。因此，一个孩子如果从小就学会解决问题，养成自己解决问题的习惯，将会受益终生。

培养孩子解决问题能力的 4 个步骤：

- 第一步——明确问题：鼓励孩子说出事情发生的具体时间和地点；
- 第二步——表达感受：倾听孩子的感受，同时也表达自己的感受；
- 第三步——解决方法：和孩子头脑风暴，找到可行的方案，并选出最佳方案去执行；

- 第四步——结果验证：和孩子一起看所用方法是否能解决问题，如果不能，尝试新方案。

明确问题
- 问题是什么：
- 发生的时间：
- 发生的地点：

表达感受
- 孩子的感受：
- 家长的感受：

解决方法
- 最佳解决方案：

结果验证
- 分享结果：
- 若结果不好，新的方案是：

工具二　复利思维微行动地图

人生赢家的秘密

想让孩子未来更具有实力，父母先需要有复利思维，帮助孩子从小构建复利思维。因为我们知道，每一个人生赢家的秘密，就在于建立实力与运气之间的正反馈循环机制。实力可以带来好运气，好运气能为我们提供更好的发展平台，周而复始，就像滚雪球一样，越滚越大。

构建孩子的复利思维微行动地图

- 以孩子的兴趣特长为核心，鼓励孩子尝试自己感兴趣的事；
- 鼓励孩子写下自己的行动方案；
- 在孩子行动时，鼓励孩子向家长求助；
- 鼓励孩子向家长分享自己在一段时间内的成果；家长给予肯定和表扬。

亲子复利思维微行动地图

☺ 我最感兴趣的事情是:

📅 我想要每周/每天:

🖌 我需要爸爸妈妈帮助:

🍎 我计划在 _____ （时间）向他们分享成果

工具三　　抗挫能力晴雨表

让孩子在逆境中成长

要想让孩子真正具备在逆境中成长的能力，只强调坚韧、勇敢、抗挫折等，对孩子的教育意义并不大。它不仅需要父母给予孩子外在的训练，还要帮助孩子建立内在的动力和希望。外在的训练、学习、尝试，加上积极的内部应对机制，如自我效能的突破、乐观自信的心态等，两者共同作用，才能让孩子形成强大的内心。

制作亲子抗挫能力晴雨表

- 家长可以引导孩子记录每次遇到挫折的应对情况，包括具体的应对方法、结果、收获，以及下次需要注意什么；
- 这个晴雨表不仅记录孩子值得自豪骄傲的地方，也提醒孩子，哪些方面需要进一步提高。

亲子抗挫能力晴雨表

时间	具体的困难	解决方法	结果	收获	需要改进的地方

工具一　　家庭感谢录

让孩子在充满爱的环境里成长

　　对孩子的爱，是指我们要完全接受孩子本来的样子，包容孩子、认同孩子、接纳孩子。这里有个特别重要的顺序，就是孩子只有充分获得爱和安全感后，才更容易接受社会教育，未来才有能力让自己幸福，成为一个优秀的社会人。

填写家庭感谢录

- 家庭成员之间可以互相感谢，鼓励孩子记录他/她对家长的感谢，家长也记录对孩子的感谢，营造一个亲密有爱的环境，让孩子在温馨有爱的环境下健康成长。

家庭感谢录
(感谢，让彼此的联结更紧密)

被感谢者	感谢者	时间	具体的事件	感谢者的感谢宣言

工具二　友谊飞轮

孩子的成长依赖周边的资源

善于从自己的成长环境中获取有利的资源，善于对各种资源进行整合，为己所用，是一个人成长的必经之路，也是自身价值被社会认可的关键所在。我们在培养孩子的过程中，既要帮助孩子学会充分整合和利用身边的优势资源，又要鼓励孩子不断提升自身能力，找到最适合自己的发展方向，这样孩子才能更好地成长与发展。

让友谊飞轮转起来

- 同伴关系在孩子的成长中起着非常重要的作用，我们可以和孩子一起梳理他/她关系非常近的朋友、同学，这些小伙伴分别给了他/她什么帮助。同时，除了记录，也要提醒孩子，人与人的往来是相互的，当别人帮助了自己，以后在他们需要帮助时，自己也要挺身而出，这样友谊的小树才能常青。

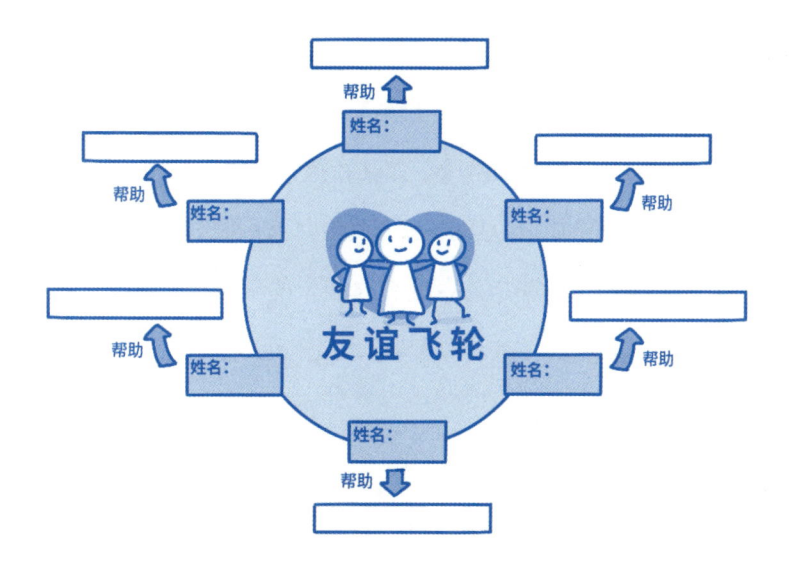

友谊飞轮

- 姓名：＿＿＿＿ 帮助：＿＿＿＿
- 姓名：＿＿＿＿ 帮助：＿＿＿＿
- 姓名：＿＿＿＿ 帮助：＿＿＿＿
- 姓名：＿＿＿＿ 帮助：＿＿＿＿
- 姓名：＿＿＿＿ 帮助：＿＿＿＿

工具三　偷师计划表

学会向他人学习

对于孩子来说，学会请求帮助，学会发起问题，将会开启全新的成长阶段。尤其在孩子的成长早期，如果能有几个"导师"为其引路，就像风向标和路牌一样，及时给予孩子帮助和指导，或者对孩子的学习及时给予反馈，对孩子来说都将是一件幸事。

制作偷师计划表

- 鼓励孩子列出他钦佩且值得学习的人，看这些人有哪些优点或优秀的学习方法，然后制订一个自己的学习计划。

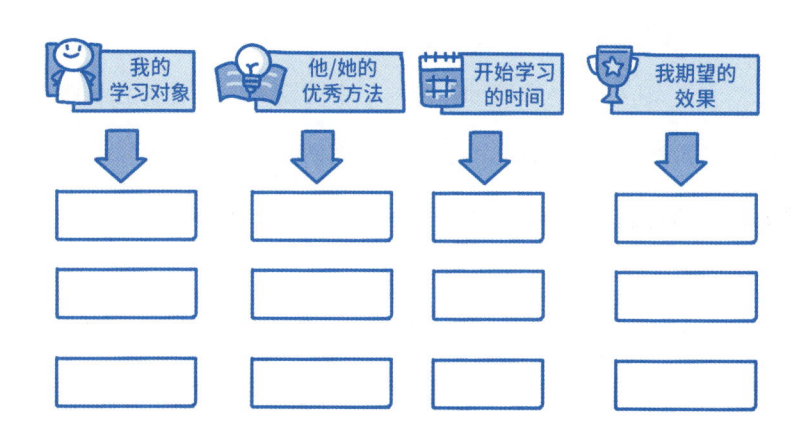

我的学习对象	他/她的优秀方法	开始学习的时间	我期望的效果

番外篇
微行动工具箱

工具一　　事项排级卡

让孩子在充满爱的环境里成长

让孩子在成长过程中的每个关键环节都能抓住机会,做对的事,才能获得更多的发展机会,成为更好的自己。这时我们需要教会孩子做事要分清轻重缓急。

制作事项排级卡

- 不仅是家长,孩子每天也面临着很多任务,我们可以通过事项排级卡,引导孩子列出目前需要完成的事项,它们分别的截止日期,做了后会产生什么影响,不做可能导致什么后果,从而决定先做哪件事。

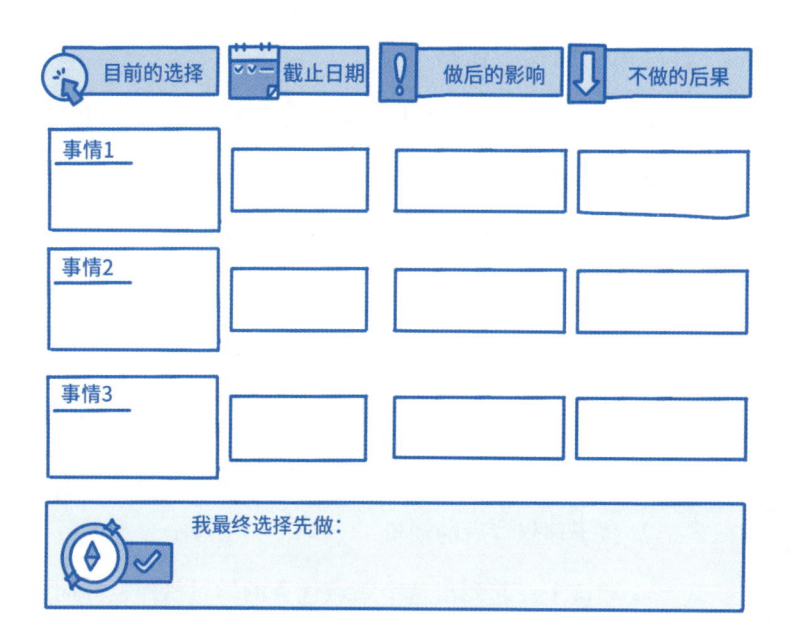

目前的选择	截止日期	做后的影响	不做的后果
事情1			
事情2			
事情3			

我最终选择先做:

工具二　梦想蓝图表

有目标，成长不迷路

目标感不但能为孩子确定进步的方向，还能为孩子青春期创造稳定期，避免孩子在青春期神经元增多的阶段因为大脑冲动而做出危险或过激的行为。

带领孩子制定自己的梦想蓝图表

- 鼓励孩子分享自己的理想；
- 鼓励孩子分享有此理想的原因，这样方便家长了解孩子理想背后的动机；
- 和孩子一起列出这个领域优秀的学习榜样，并向他们学习；
- 有了理想，接下来就要行动了，和孩子一起制订计划，要实现理想，分别要做哪些事。

梦想蓝图表

未来的我，想成为一名：	我想成为××的原因：	我的学习榜样有：	接下来我要：

工具三　　每日计划表

规划好时间，高效地生活

让孩子从小懂得掌控时间，是为了孩子以后能够更好地生活。一个人只有规划好自己，才能高效地生活，而且在以后的生活中也不至于手忙脚乱。懂得时间管理的人，也能清楚地知道自己想要的是什么，然后奔着自己的目标努力向前。

制作每日计划表

- 可以和孩子一起制订每天的时间规划。将每天要完成的事情，以及在什么时间完成，填进每日计划表里，每完成一个小任务，就打钩，这样孩子会很有成就感，这种成就感又正向推动孩子，每天坚持做计划，并努力完成，从而形成时间管理的好习惯。

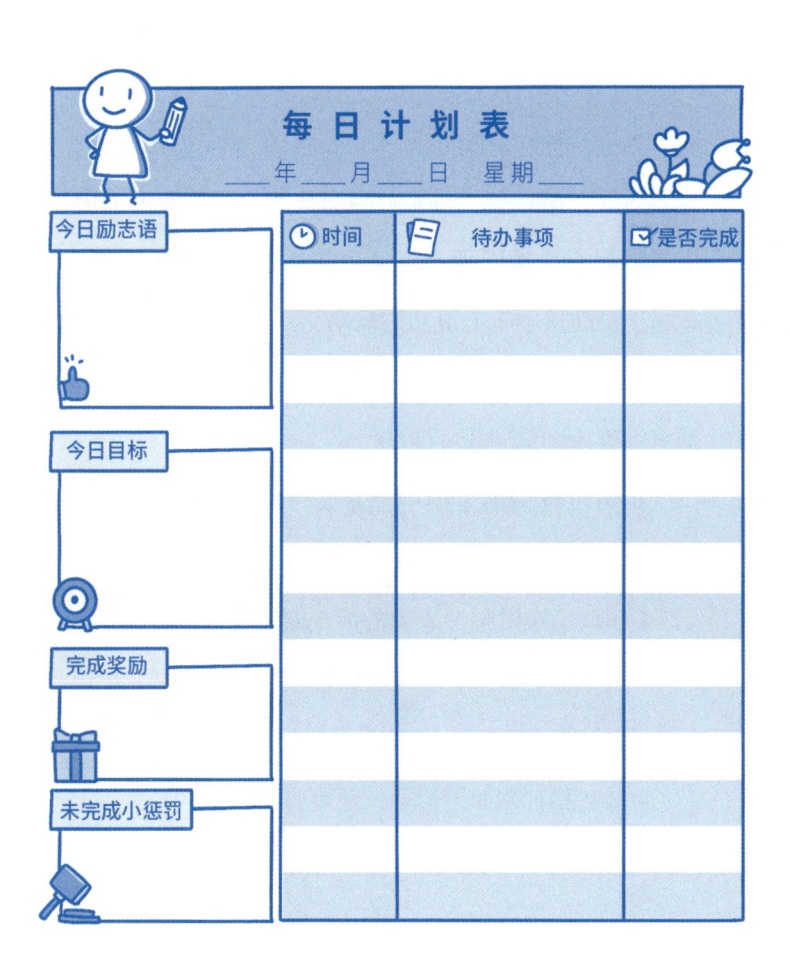

每日计划表
___年___月___日 星期___

今日励志语

今日目标

完成奖励

未完成小惩罚

时间	待办事项	是否完成

工具一　　同理心思考地图

同理心是高情商的内核

同理心是让孩子具备社会交往能力和领导力的内核。让孩子拥有一颗同理心，学会善意体察别人的内心，更有利于提高孩子未来成功的概率。

给孩子的同理心思考地图

我们可以借助生活中经常发生的事，以及通过思考地图，培养孩子的同理心：

- 和孩子探讨某个人说的话或做的事情；
- 引导孩子思考，对方这么说、这么做的原因是什么；
- 如果是自己，会怎么说、怎么做；
- 自己和对方如何沟通，他更容易接受。

同理心思考地图

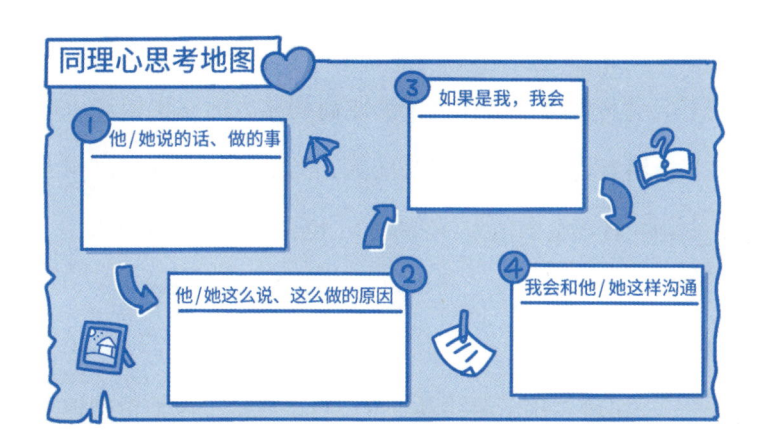

1. 他/她说的话、做的事
2. 他/她这么说、这么做的原因
3. 如果是我，我会
4. 我会和他/她这样沟通

番外篇
微行动工具箱

金钥匙 7 共赢 实现聪明、富有、幸福的人生

工具二　共赢"存折"

共赢思维：当孩子有益于人时，才能变得真正富有

有益于人时，才是真正富有

共赢思维是让孩子形成高领导力的一把钥匙。世界上没有完全靠自己成功的人，无论男女。每一位伟大的领导者都会向他人寻求帮助，也会尽力地帮助他人。

共赢存折

- 培养孩子的共赢思维，可以先从真诚地帮助他人开始，往自己的共赢"存折"里不断主动储蓄。

- 除了"存折"里推荐的 7 件小事（见下表），家长也可以鼓励孩子根据自己的意愿，看看还可以往"存折"里存些什么。

共赢"存折"

我想做的事情	我想让他/她感觉	完成情况
给××做一顿饭	我非常爱他/她	
每周至少帮忙整理客厅一次	让家人在干净整洁的环境中休息	
每周定时帮忙打扫卫生	让他/她能适当休息,不要太辛苦	
给××写一张安慰/鼓励卡	我很在乎他/她的感受	
在节日为××准备一个小礼物	我很关心他/她	
为××策划一个小派对	让他/她感受家庭的温暖	
悄悄实现××的一个愿望	我非常爱他/她	

工具三　　领导力养成计划表

管好自己才能引领他人

　　领导力不是一种权力，而是一种能力。领导力，不是当领导才需要。它是一种正向的激发性力量，能够平衡环境与个人之间的冲突，促进个人以及群体的共同成长。

领导力养成计划表

　　孩子领导力的培养，很大一部分依赖家长的帮助，根据正文里的5个阶梯进步法，设计一个孩子的领导力培养计划吧。

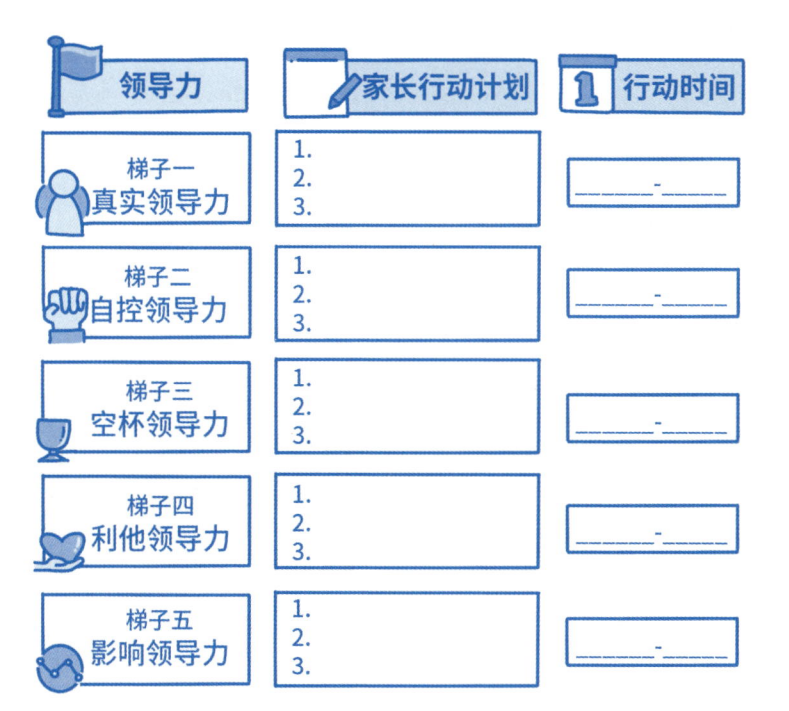

领导力	家长行动计划	行动时间
梯子一 真实领导力	1. 2. 3.	_____-_____
梯子二 自控领导力	1. 2. 3.	_____-_____
梯子三 空杯领导力	1. 2. 3.	_____-_____
梯子四 利他领导力	1. 2. 3.	_____-_____
梯子五 影响领导力	1. 2. 3.	_____-_____

后记
一起出发，成为最好的父母

现在，请你忘掉书中的一切，忘掉那些教育理念，忘掉所有的道理和方法。请你闭上眼睛一分钟，回忆一下6岁和12岁时候的自己，越具体越好，最好有仿佛昨日再现的画面感。然后，试着和童年的自己说话，对他（她）讲："嘿，你好吗？我想告诉你一些事情……"

你知道吗？假如把你的孩子当作小时候的自己，会有一种神奇的双向效应：一方面，你仿佛和孩子一起又体验了一次童年，经历了一次成长；另一方面，你会自然而然地将视角切换到孩子那一侧，从而实现了教育最重要的动作——让孩子成为中心。

我发现了一个秘密：那些和妈妈如同姐妹的女孩，那些和父亲如同兄弟的男孩，很少有不幸福的。他们快乐，自信，懂得爱，和父母无话不说，遇到困难时知道父母会是自己最后的堡垒，长大后对父母格外孝顺。所以，只要做到这一点，你也能成为最好的父母。

既然你是女儿的姐妹，是自己儿子的兄弟，你就会去和他们分享你真正喜欢的东西、内心相信的事物，以及这个世界上最基本的常识。你就是孩子最好的老师，妈妈与女儿分享一个扮美的小秘诀，爸爸给儿子讲一个男生之间的笑话，像狮子教小狮子捕猎那样，给孩子传授生存的智慧。不管你从事什么工作，把你认为最重要的心得和经验教给孩子。

当你再次遇见童年的自己，请你牵紧他/她的手，用你的爱和智慧陪伴他/她，帮助孩子找到属于自己的道路。

请你告诉你的孩子，就像告诉童年的自己："如今我已成年，历经了风雨，知道生活不易，世事难料。我想告诉你一些事情……"

请告诉他/她，对于一个人而言，重要的往往是那些不变的东西：诚实，尤其是不要骗自己；有同理心，愿意帮助别人；知错就改，不必在乎颜面；主动想办法解决问题，不轻易放弃；懂得爱他人，也能够坦然接受爱。

教育是生活的一部分，而非为所谓的未来生活做出的牺牲。教育应该是自然而美好的，请你把钥匙交到孩子手中，让他亲自打开自己命运的宝藏。

致谢

《成长算法》不只是一本书，更是一个系统工程。我的搭档安宁为本书熬了很多个通宵，杨芬博士完成了"微行动工具箱"部分，李阳阳博士领衔的未来春藤教育规划研究中心为本书搭建了专业化的训练模块。《成长算法》是团队合作的结果，离不开未来春藤全体教研、产品、运营、市场、技术团队的共同努力，以及全国151个城市的渠道合作伙伴的大力支持。

《成长算法》基于未来春藤数年来的大力耕耘，而未来春藤则基于以下诸位的卓越投入。

堂杰是锦华集团创始人，在两个孩子成长的过程中，他发现了家长自身学习的重要性，这是他投资未来春藤的初心。他认为发现孩子的天赋、引导孩子的兴趣、激发孩子的内驱力是一个合格家长最关键的工作。

晓昱是中国杯帆船赛的创始人，多年前我们在物质生活书吧里聊天时，聊及是否可以从教育上帮助珠三角的农民工人群，这愿望的"果"后来结在了未来春藤。

晓菁、小辉和伟杰是我做地产开发生意的股东，我们合作了20年，迄今都是最紧密的朋友。大家能够继续通过未来春藤共同做一些回报社会的事情，可谓再幸运不过了。

雷震和陈正宁夫妻俩是价值投资的践行者，也取得了耀眼的回报。陈正宁和我还是"园友"，在投资、园艺、教育等方面有许多相似之处，他们对教育的投资已经超越了对利润的追求。

杨耸之是世界前十强公司在中国的区域总监，他在商业上的丰富经验，令他对教育有独特的洞察。他和太太都认为，孩子的诞生是给了父母又一次机会，我们可以与他们一起去认识世界，体验人生，探索存在的意义。

薛迎霜和李臻夫妻俩是幸福家庭的典范，他们在教育孩子上也格外用心和投入。

陈钱杰和周凌云一家，是我们家的好朋友。两家的孩子一起长大，大家共同度过了许多难忘的快乐时光。

陈丽娟一直对教育充满了美好愿望，在海外生活的她，希望为祖国的孩子做一些实在的事情,这也是全球华人的共同心愿。

任飞不仅是投资专家,对哲学和文化还有着极深的研究,他经常为我带来与众不同的观点。

正是因为有这样一群朋友对教育无私而热忱的投入,未来春藤才得以快速发展,实践着"让每个中国孩子都能分享优质的教育资源的初心"。

我还要提及家人们,我花了太多时间在书房。太太和两个孩子在教育上自由而温馨,给我带来了许多惊喜和灵感。

中信出版社诸君以一贯的专业和高水准,确保了《成长算法》顺利出版。

教育"意外地"成为我的人生使命,离不开以上诸位的付出。我想替许多父母和孩子感谢他们。衷心祝福朋友们家人平安,生活中充满喜悦。